위풍당당
청춘 멘토링

대학 에세이 기술
A+ 리포트·논문·글쓰기 전략

지은이 | 피터 레빈 지음
옮긴이 | 이준희

초판 펴낸날 | 2014년 4월 5일
펴낸이 | 김남기
교정 | 김유준
표지디자인 | 박대성
사진 | 후면 표기

펴낸곳 | 소동
등록 | 2002년 1월 14일(제19-0170)
주소 | 경기도 파주시 소라지로177번길 12
전화 | 031·955·6202 070·7796·6202
팩스 | 031·955·6206
홈페이지 | http://www.sodongbook.com
전자우편 | sodongbook@naver.com

ISBN 978 89 94750 14 9 (14190)
        978 89 94750 05 7 (세트)

* 잘못된 책은 바꾸어드립니다.

STUDENT FRIENDLY GUIDES
WRITE GREAT ESSAYS

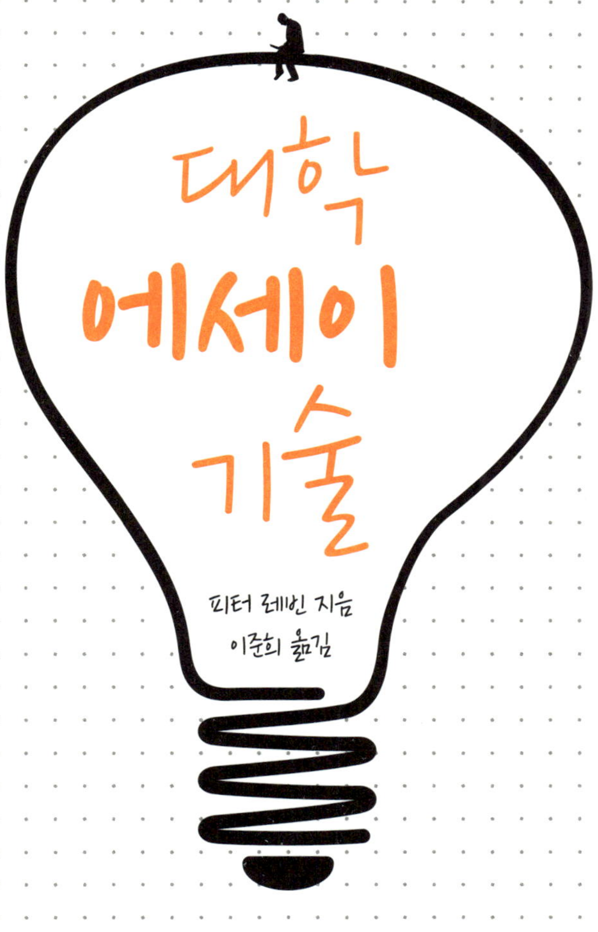

소동

대학이란 어떤 곳인가?

대학은 우리가 사는 바깥세상과는 아주 다른 세계다. 따라서 여러분이 대학에서 진지하게 학문을 탐구하려면 이 두 세계가 어떻게 다른지 잘 알고 그 사이를 자유자재로 넘나들 수 있어야 한다.

대학의 바깥세상에서는 사람들이 직장에 다니면서 가정을 꾸리고 스포츠나 각종 취미 활동 등으로 여가를 즐긴다. 이 과정에서 물품의 생산과 거래, 사람 사이의 소통과 서비스 제공 등 다양한 생계유지 활동이 이루어진다. 기상 변화, 물질과 에너지의 작용, 화학반응, 생명의 탄생과 성장, 죽음에 이르기까지 수많은 자연현상이 일어나기도 한다. 다시 말해 바깥세상에서 주로 통용되는 것은 '물리적 실체'라고 할 수 있다.

반면 대학에서는 기술記述, description과 이론, 설명, 개념, 비평처럼 지적 활동을 위해 인간이 고안해낸 '관념적 구성물'들이 통용된다. 이런 관념적 구성물들은 물리적 실체처럼 오감으로 체험할 수 있는 대상이 아니다. 만지거나 맛보거나 냄새 맡을 수 있는 직접경험의 대상이 아니라는 말이다.

관념적 구성물들은 직접경험이 아니라 책이나 논문, 인터넷이나 강의 등에서 오가는 말과 글을 거쳐 우리 머릿속에 자리 잡는다.

대학 공부는 우리가 사는 세상 그 자체보다는 세상을 바라보는 사람들의 시각에 초점을 맞춘다. 대학에서는 책 속의 지식을 단순히 외우는 단계를 넘어서 세상을 들여다보고 나름대로 시각을 만들어 가는 법을 배우게 된다.

바깥세상에서는 직접경험으로 물리적 사실을 체험하는 반면 대학에서는 독서나 토론 등으로 '간접경험'을 한다. 그런데 이 독서와 토론에도 방법이 있다. 중·고등학교 수준의 교육 과정에서는 이 독서와 토론의 방법을 심도 있게 다루는 데 한계가 있다. 따라서 대학 수준에 맞는 독서와 토론을 위해서는 별도의 도움이 필요하다. 뜻밖인 것은 대학에서 이런 도움을 받기가 쉽지 않다는 사실이다. 이 책은 바로 그런 도움을 제공하기 위해 쓰였다.

대학 이전의 독서와 대학의 독서

대학과 바깥세상이 다른 점은 학습법에 그치지 않는다. 고등학교 과정까지 내신과 수능, 논술 준비 때문에 온갖 책들을 지겹도록 읽어 온 터라 "아무리 학습법이 다르다고 해도 책 읽는 방법까지 따로 배워야 하나?" 하고 생각할지 모른다. 하지만 대학 이전의 독서와 대학의 독서는 적어도 두 가지 면에서 다르다.

첫째, 대개 학기 첫 시간에는 교수님이 과제와 시험 준비에 필요한 책들을 설명할 것이다(따로 설명하지 않더라도 목록이 강의계획서에 실려 있을 것이다). 그 목록을 보고 "어? 대학에 가면 어려운 원서를 많이 읽는다더니 국내 도서도 많잖아?" 하고 안심할지도 모른다. 하지만 그러기에는 아직 이르다. 물론 우리말 어법에 맞게 우리말로 쓴 책이므로 국내 도서란 말도 틀리지는 않다. 그러나 그 국내 도서에서 다루는 말들은 평범한 우리말이 아니라 '학술어'라는 특별한 언어다.

대학의 언어라고 할 수 있는 이 학술어는 우리가 실생활에서 사용하는 일상 언어와는 많이 다르다. 특히 이 언어에서는 물리적 실체 없이 사상과 관념으로만 존재하는 추상적 개념의 단어와 표현이 크게 발달해 있다. 그러므로 학술어로 쓰인 책과 일상 언어로 쓰인 책은 읽는 과정이 서로 다르다.

이런 학술어 서적을 읽는 것은 오히려 외국어 책을 읽는 것에 가깝다. 일반적으로 영어 지문을 읽을 때 어떻게 하는지 생각해보자. 먼저 모르는 단어를 사전에서 찾고, 문장에 줄을 쳐가면서 문법 지식을 동원해서 한 줄씩 번역할 것이다. 학술어 책을 읽을 때도 똑같은 과정을 거친다. 이 과정에 익숙하지 않으면 당연히 읽는 속도가 느릴 수밖에 없다. 그러므로 학술어는 익숙해지는 데만도 시간을 많이 투자해야 한다.

설상가상으로 대학 전공 분야들의 학술어는 저마다 다르다. 따라서 여러 과목을 수강한다는 것은 익혀야 할 '외국어'도 여러 개라는 뜻이다. 그렇다고 너무 겁먹지는 말자. 어떤 학생들은 전공뿐 아니라 복수 전공·부전공 등으로 폭넓게 지식을 쌓아 취직이나 대학원 진학에 활용하기도 한다. 사실 그런 능력은 누구에게나 있다. 자신이 처한 상황을 정확히 판단할 수만 있다면 불가능이란 없다. 공부를 하다 보면 별로 진전이 없다는 느낌이 드는 순간이 누구에게나 찾아오게 마련이다. 과제를 완수하고 못하고는 바로 그 순간에 결정된다. 그때 그냥 손을 놓아버리면 더 이상 진전을 이루지 못하지만, 상황을 정확하게 판단하고 적합한 조치를 취한다면 함정을 돌파할 수 있다.

둘째, 독서란 "책의 1페이지에서 시작해서 마지막 페이지가 나올 때까지 내리 읽는 것"이라는 생각을 버려야 한다. 대학에서 말하는 '독서'란 방대한 참고 자료 더미에서 필요한 내용을 찾아내는 과정이다. 수업의 참고 자료 목록은 절대 그 책들을 모두 완독하라는 의미가 아니다. 대학에서의 독서는 일종의 보물찾기다. 지금까지 해왔듯 눈앞에 펼쳐지는 내용을 모조리 흡수하는 것이 아니라 필요한 내용만을 능동적으로 찾아나서는 과정이라는 뜻이다.

바깥세상과 대학은 공부하고 독서하는 방법만 다를까? 그렇지 않다. 몇몇 용어들은 대학 바깥과 대학에서 그 쓰임새가 완전히 다르다. 예를 들어 대학에서의 '논의'와 '주장'은 더 이상 '다른 사람들과의 대화'가 아니다. 대학의 에세이와 논문에서는 혼자서 논의하고 혼자서 주장을 펼쳐야 한다. "혼자서 어떻게 논의하지?" 하는 생각이 들 수도 있겠지만, 이 책의 내용을 잘 따라가면서 연습하다 보면 어느새 혼자 논의하고 주장하는 데 익숙해질 것이다.

'교수'라는 존재에 관한 고찰

이제 우리의 스승이자 선배 연구자인 교수님들에 대해 살펴보자.

학생들은 대학에 입학해서 일정 과정을 수료하면 졸업해 사회로 진출한다. 하지만 교수님들은 학교가 학문의 공간인 동시에 삶의 공간이다. 혹시 교수님들을 개인적으로 만나본 사람이라면 정도의 차이는 있지만 대부분 약간씩은 특이하다는 느낌을 받았을 것이다. 필자 또한 교수님들은 좋은 의미에서건 나쁜 의미에서건 특이한 사람들이라고 생각한다. 평소에는 인자하고 친근하다가도 때가 되면 범접할 수 없는 방대한 교양과 지식의 '포스'를 선보인다. 일반적으로 교수님들은 개인 중심적 성향이 강하고(영국에는 "세상에서 가장 개인주의적인 생물은 고양이와 교수"라는 농담도 있다) 괴짜랄 것까진 없지만 확실히 특이한 사람이 많다.

그럼 이 교수님들은 어떤 사람들일까? 이들은 하나같이 학창 시절에는 우수한 학생이었고(당연히 성적이 좋았으니 교수라는 직업을 선택했을 것이다) 지금은 교수로서 연구와 수업을 동시에 맡고 있다. 이 말은 (1)교수님들은 담당 분야에 재능이 뛰어나며 (2)학생 교육보다는 스스로의 연구 활동에 더 신경 쓰는 경우가 많다는 뜻이다. 대학에서는 대부분 수업 실적이 아니라 연구 실적에 따라 임용과 승급이 결정되기 때문에 어쩔 수 없다.

학생들로서는 수업보다 연구에 더 신경 쓰는 교수님들의 태도가 그리 달갑지 않을 것이다. 연구 시간과 회의, 행사 등 학교 행정에 들어가는 시간을 빼면 교수님이 학생에게 쏟을 수 있는 시간은 실질적으로 얼마 되지 않기 때문이다.

더 큰 문제는 연구 분야에서는 통찰력이 번뜩이더라도 정작 가르치는 실력은 별로인 교수님도 있다는 것이다. 교수님들은 기본적으로 '우수한 학생'이었지만 그렇다고 해서 반드시 '우수한 교사'가 되는 것은 아니다. 우수한 학생 출신일수록 평범한 학생들을 단계별로 차근차근 가르치는 데 익숙하지 않을 수 있다. 때문에 연구 실적은 화려하지만 강의 때는 책의 내용을 단순히 암기시키기거나 상호작용이 없는 주입식 교육을 하는 등 그다지 세련되지 못한 교수법을 사용하는 경우도 있다.

설령 교수법 과정을 이수했다고 해도 실제로 학생들을 가르칠 때 교수님에게는 이론으로 배울 수 없는 요소가 필요하다. 바로 공감대 형성이다. 학생과 공감대를 이루지 못한다면 과제에 고심하는 학생 처지에서 생각하고 도와주기란 아무래도 힘들지 않을까?

누구나, 특히 신입생 때는 교수님들을 어렵게 느낀다. 정말 운 좋은 경우가 아니라면 대개 교수님들은 학생을 예비 지식인이라기보다는 다른 세계에서 온 존재처럼 여길 것이다.

대학생활에 익숙하지 않은 저학년 학생들은, 많은 부분을 새로 가르쳐야 하기 때문에 교수님들에게는 연구 시간과 노력을 빼앗는 존재일 뿐이다. 아주 특출해서 처음부터 돋보이지 않는 이상, 교수님들에게 학부 과정 대학생이란 이름 없는 다수일 뿐이다. '무엇은 무엇이다' 식의 주입식 강의를 하는 동안(놀랍게도 고등학교뿐 아니라 대학에도 이런 수업이 의외로 많다. 특히 단시간에 많은 정보를 가르치고 배워야 하는 계절 학기에 많은 편이다-역자 주) 교수님들에게 학생은 그저 열심히 듣고 필기하려는 수강생에 불과하다.

자, 이제 과제를 살펴보자. 성의껏 작성해 제출한 과제가 학생에게 돌아왔다. 자상하고 상세한 조언을 기대하고 두근두근하는 마음으로 펼쳐보면 실망스럽게도 무성의한 피드백 몇 줄뿐이다. 게다가 그 피드백은 칭찬보다는 비판 일색이다. 기껏 잘한 점에 대해서는 말이 없고 약한 부분만 공격해놓았다. 더 난감한 것은 다음에 좀 더 나은 성적을 받으려면 어떤 부분을 보완해야 하는지 설명하지 않는 경우가 많다는 사실이다!

시험은 어떨까? 대학 시험은 시험지를 지배하는 법칙이 무엇인지 찾아내야 하는 힘겨운 승부다. 그 법칙이란 출제자인 교수님이 무엇을 원하는지, 어떤 접근법과 스타일이 점수를 따거나 잃는지에 관한 것이다. 더 난감한 것은 이런 법칙이 아예 없거나 있다고 해도 일관성이 없어서 법칙이 없는 것이나 마찬가지인 교수님도 있다는 사실이다. 시험에서 좋은 점수를 받아내기는 여러 가지 면에서 쉽지 않다.

가끔은 같은 과제를 놓고 두 교수님의 조언이 전혀 다를 때도 있다. 잘못하면 그 가운데에서 이도저도 아니게 되기 쉽다. 심지어 교수님부터 갈팡질팡하는 경우도 있다. 예를 들어 '팀워크를 기르기 위한' 조별 프로젝트 과목을 듣는다고 생각해보자(요즘에는 교양·전공과목 중 상당수가 조별 프로젝트 과목이다). 그런데 막상 과제물 제출 시기가 되자 "과제물 공동 제출은 안 된다"고 경고한다. '팀워크를 기르기 위한' 수업에서 프로젝트는 함께 수행하고 과제는 따로 작성하라니 도대체 어느 장단에 춤을 춰야 할까? 이처럼 당황스러운 경우가 실제로 종종 있다.

이쯤 되면 기껏 열심히 공부해서 들어온 대학교가 처음의 부푼 기대와는 달리 힘들고 알 수 없는 곳으로 여겨질지도 모른다. 더 문제인 건 모든 대학에서 이런 일이 거의 예외 없이 일어난다는 현실이다. 그러나 대학이 알 수 없는 곳만은 아니다. 단지 바깥세상과는 통용되는 법칙이 다를 뿐이다.

이 글을 읽는 여러분에게는 지금까지의 이야기가 실망스러울지도 모른다. 물론 대학도 하나의 세상인 만큼 고쳐나가야 할 부분은 언제나 있게 마련이다. 하지만 그건 학생들에게는 일단 부차적인 문제다. 당면한 대학생활에 성공하고 싶다면 대학에서 어떤 법칙이 통용되는지 그 시스템의 속성을 이해하는 것이 우선이다.

때문에 이 책에서는 되도록 눈앞의 현실에 대처하는 방법을 집중적으로 다루려고 한다. 우리가 속한 시스템의 결점이 무엇인지

알아야 그에 대처할 전략을 강구하고 나중에 그 결점들을 고칠 수
도 있을 테니까.

이제 그 전략을 이야기하면서 대학생활 소개를 마무리할까 한다.
전략이 없는 사람은 자기가 선택한 길에 자신감을 가지기 어렵다.
무엇을 어떻게 해야 할지 몰라 여기저기 무의미하게 기웃거리면서
다른 사람이 이룬 것을 부러워하기 쉽다. 매연을 잔뜩 마시면서 떠
나는 버스를 쫓아 달렸는데 버스는 버스대로 놓치고 몸은 몸대로
고달프다고 생각해보자. 듣기만 해도 짜증나지 않는가? 전략 없는
대학생활이 바로 그렇다.

　　이 책의 목적은, 바로 그 전략을 세우고 자신이 선택한 길에 자
신감을 가져서 궁극적으로 대학에서 얻으려는 바를 성취하도록 돕
는 것이다. 대학생활의 즐거움은 새로운 시각으로 세상을 바라보면
서 다양한 활동으로 소중한 추억을 만들어가는 데 있다. 때문에 시
트콤에 나오는 것처럼 마냥 신나고 놀기 좋다며 환상을 심어주기보
다는 현실적인 조언을 해주고 싶다.
　　이 책은 학생들이 자주 하는 질문에 답변하는 형식으로 구성

되어 있다. 학술어로 이루어진 세계를 설명할 때는 딱딱한 전문용어보다는 알기 쉬운 말로 풀어쓰려고 했다. 많은 도움이 되기를 바란다.

독자 중에는 인문계 출신도 있을 것이고 이공계나 예체능계 출신도 있을 것이다. 재수를 거듭해서 동기보다 나이가 많을 수도 있다. 어쩌면 유학을 준비하고 있을지도 모른다. 어떤 학생이건 즐겁게 학문을 추구하면서 전공 과정을 성공적으로 마치길 바란다. 분명 힘들 때도 있겠지만 대학은 지성의 향기가 넘치는 멋진 곳이다. 자, 이제 대학 세상에 첫발을 내디딜 준비를 해보자!

 대학 글쓰기의 든든한 멘토

이 책을 번역하면서 2003년 봄, 설레는 마음을 안고 대학이라는 공간에 첫발을 내딛던 역자의 모습이 새삼스레 떠오르곤 했다. 대학은 고등학교와 사뭇 달랐다. 꽉 짜인 시간표에 따라 주어진 내용을 달달 외우는 대신 하루 종일 놀아도 누구 하나 간섭하지 않았다. 살면서 처음 만난 무한한 자유는 그만큼 낯설었지만 또 그만큼 매력적이었다. 대학이라는 작은 사회에 다양한 배경과 전공의 학생들이 공존한다는 점 또한 새로운 경험이었다.

그런 즐거움이 막막함으로 바뀌는 데에는 그리 오랜 시간이 걸리지 않았다. 자유분방함을 만끽하다가도 해야 할 공부와 과제가 남아 있다는 생각에 문득문득 오싹해졌다. 가장 당황스러웠던 것은 오랜 시간 책상에 앉아서 내용을 무작정 암기하는 고등학교 시절의 공부법이 대학에서는 더 이상 통하지 않았다는 점이다. 그처럼 단순한 방법을 사용하기에는 대학에서 요구하는 지식의 양이 너무 방대했고 주어진 시간도 짧았다. 마치 길잡이로 삼을 별조차 보이지 않는 바다 한가운데를 혼자 헤매는 느낌이었다. 대학 첫 학기 수업의 리포트 주제를 정하려 도서관에 들어갔을 때 거대한 책 더미를 보고 받았던 충격이 지금도 생생하다. 무사히 대학 과정을 마칠 수나 있을까 하는 걱정에 이른바 멘붕에 빠져 한동안 아무것도 손에 잡히지 않았다.

　물론 시행착오를 거치며 나름대로의 학습법을 조금씩 찾아가기는 했지만, 돌이켜보면 참 아쉽다. 그때 이 책처럼 지식의 바닷길에 길잡이가 되어줄 해도海圖가 있었더라면 막막함과 당혹감을 좀 더 빨리 떨쳐버리고 한결 자신 있고 보람차게 대학생활을 보냈을 것 같아서이다. 10년 넘게 지났을지언정 지금도 대학 신입생들의 심정은 그때 역자가 느꼈던 막막함과 비슷하리라 짐작한다.

　역자가 대학생활을 하던 시기에 선배가 후배를 상담하고 이끌어주는 '멘토링'이 널리 퍼지기 시작한 것도 그 때문일 것이다. 막막해하는 후배 몇 명에게 조언을 제공하고 경험을 나눌 기회가 그때 역자에게도 있었다. 뿌듯한 추억이다. '책으로 하는 멘토링'이라 할 수 있는 이 《대학 에세이 기술》의 번역 의뢰를 기쁜 마음으로 받아들인 것은, 지금 대학에 갓 들어서서 글쓰기를 막막해할 많은 후배들에게 이 책이 도움이 될 것 같았기 때문이다. 더불어 그때 후배들에게 멘토 구실을 했을 때처럼 경험에서 나온 조언을 약간이나마 책에 보탤 수 있는 소중한 기회라고 생각했기 때문이다.

　이 책의 서두와 제1부에서는 대학이라는 세상과 그곳에서의 학습법을 소개한다. 대학이 바깥세상과 어떻게 다른지, 여러분을 가르치는 교수님들이 어떤 존재인지, 대학에서의 학습과 독서 방법이 여러분이 이전까지 사용한 것과 어떻게 다른지 다루고 있다.

제2부에서는 목적에 따라 서로 다른 몇 가지 독서법을 소개한다. 여러분은 시험 준비에 효과적인 〈요약하며 읽기〉와, 내용을 완전히 자신의 것으로 만들기 위한 〈완벽 숙지하며 읽기〉 방법을 접하게 될 것이다.

제3부에서는 기한 내에 에세이를 완성하는 데 가장 효율적인 〈목표 내용 찾으며 읽기〉 방법을 상세히 소개한다. 이를 통해 핵심 용어를 찾아낸 다음 그것을 바탕으로 글의 흐름을 파악하고 에세이를 작성하기 위한 기초 작업을 하게 될 것이다.

제4부에서는 에세이의 여러 가지 유형과 그에 따른 사고의 전개 방식, 글쓰기 스타일과 방법론을 제시한다. 주제 선정, 글 전개 방법, 개요 짜는 법 등 에세이를 실제로 쓸 때 필요한 여러 가지 요소들을 종합적으로 다룬다.

제5부에서는 선행 연구자들의 연구결과를 에세이에 올바르게 활용하기 위한 여러 가지 인용과 참고문헌 제시 방법을 소개한다. 국문 에세이나 논문에 사용되는 방식에 부족하다 싶은 내용은 책 뒤쪽의 〈부록〉에 별도로 수록했다.

제6부에서는 표절과 부정행위 시비에 대해 짚어본다. 선행 연구를 올바르게 활용하는 것과 '진짜 표절'의 차이점을 살펴봄으로

써 표절과 부정행위 시비를 예방하기 위한 지침이다. 한창 민감한
주제이니만큼 꼭 숙지하기 바란다.

이 책에서 소개하는 에세이 작성법이 별스럽게 느껴질지 모른
다. 때로 "이렇게까지 해야 하나?" 하는 생각이 들 수도 있다. 그러
나 역자는 그 유별난 방법이야말로 올바른 왕도이며, 그것이 몸에
배면 밸수록 대학생활을 더 잘할 수 있을 것이라고 믿는다. 이 책에
서 제시하는 방법을 충실히 따른다면 적은 노력으로도 효과적으로
글쓰기 기술을 익힐 수 있을 것이다. 그리고 그 과정에서 얻은 지식
과 성과는 석·박사, 유학 등 심화 학업과정이나 직장생활에 큰 자산
이 될 것이다.

여러분보다 먼저 대학에 몸담았고 여전히 배움의 길에 있는 선
배로서, 대학이라는 멋진 세상에 속해 있는 동안 원하는 바를 최대
한으로 이뤄나가기를 바란다. '대학大學'이라는 단어에서 알 수 있
듯, 눈앞에 주어진 작은 지식만을 머릿속에 집어넣는 것이 아니라
우리가 사는 세상에 대한 '큰 배움'을 접할 수 있는 소중한 시기이
기 때문이다.

마치며, 언제나 아낌없는 응원과 힘을 주시는 부모님, 사랑하

는 예비신부 은진이, 그리고 이 책을 번역하고 다듬어 세상에 내
보내는 데 많은 도움을 주신 소동출판사에 감사드린다.

A⁺를 부르는 에세이를 위한
열한 가지 질문

열한 가지 질문

이 책의 목적은 대학생들이 효율적으로 읽고 쓰는 방법을 익혀서 교수님들이 높이 평가하는 에세이를 작성할 수 있도록 하고 학업에 시간과 노력을 알차게 쏟도록 안내하는 것이다.

대학은 활자로 이루어진 세계라고 해도 과언이 아니다. 인터넷과 멀티미디어가 일반화되었지만 여전히 사람들이 생각을 기록하고 전파하며 연구를 수행하는 매체는 역시 책과 논문, 학회지 등 활자로 이루어져 있다. 대학 세계에서는 자신의 생각을 활자로 출판함으로써 이름을 알린다. 교수님들의 경우 연구 결과의 출판 횟수와 자신의 연구가 다른 연구에 인용된 횟수로 임용과 승진 자격을 평가받기도 한다. 새로운 과목을 수강할 때를 생각해보자. 가장 먼저 살펴야 할 것은 교재(수업에 사용하는 책)가 별도로 지정돼 있느냐 하는 문제다. 낯선 영역에 첫발을 내디딜 때 믿고 의지할 '경전' 만큼 안심되는 것은 없기 때문이다.

구체적인 예를 들면, 어떤 책을 읽을 때 의문점이 떠오르면 그에 대한 답을 찾아나가면서 읽자. 그러면 그 의문점의 답을 찾아나가는 과정을 정리하여 에세이로 쓸 수 있다. 이렇게 읽기와 쓰기가 통합된 사고로 두 과정을 밀접하게 연관시키는 것이야말로 글을 잘 읽고 쓰는 가장 좋은 방법이다.

이제까지 말한 내용에 기초하여 앞으로는 자주 나오는 몇 가지 질문에 답변하는 식으로 진행해나가려 한다.

- 에세이 작성에 필요한 책 목록이 너무 많다. 빠짐없이 다 읽어야 할까? 어떤 책을 먼저 읽어야 할까?
- 책을 읽으면서 메모는 어떻게 해야 할까? 본문을 요약하기만 하면 될까?

- 놓치는 내용이 없도록 책이나 논문을 처음부터 끝까지 읽는 것만이 좋은 독서법일까?
- 읽는 속도가 너무 느리다. 속독 학원에라도 다녀야 할까?
- 책을 읽으려고 책상에 앉으면 자꾸 딴 생각이 난다. 나는 대학 공부에 적합하지 못한 사람일까? 도대체 공부를 왜 하는지 모르겠다.
- '비판적으로 읽기'란 무엇일까?
- 내용이 어려워서 도저히 이해할 수 없다. 내 머리가 나쁜 걸까?
- 에세이에 쓸 말이 너무 많다. A4 용지 한 장짜리 에세이 과제인데 서론을 쓰고 나니 벌써 반 장이 넘어간다. 어떻게 해야 할까?
- 어떻게 하면 에세이를 짜임새 있게 구성할 수 있을까?
- '표절'하지 말라는 주의를 들었다. 그런데 무엇이 표절인지 잘 모르겠다. 구체적으로 어떤 일을 하지 말라는 것일까?
- 에세이를 돌려받았는데 "참고문헌 표기 방식에 문제가 있음"이라는 지적이 적혀 있다. 참고문헌은 어떻게 표기해야 할까?

공부법과 스타일, 능력은 사람마다 다르다. 따라서 이 작은 책에서 그 모든 경우를 일일이 고려할 수는 없다. 물론 필자가 이 책의 방식대로 지도한 학생들이 대체로 읽기와 쓰기에서 많이 발전한 것은 사실이다. 그렇지만 언제 어디서나 100퍼센트 성공하는 방법이란 없다. 게다가 여러분에게도 지금까지 활용해온 공부법이나 스타일이 있을 수 있으므로 무조건 이 책에 맞추라는 것은 아무래도 무리한 주장일 것이다

이 책에서 제시하는 방법을 절대적으로 따라가야 할 지침이라기보다는 성공 가능성이 높은 선택의 하나로 생각하기 바란다. 그 중 어떤 방법이 자신에게 어울리는지 생각해보자. 이 책의 목적은 효율적인 학습법의 예를 보여주는 것일 뿐 어떤 방식을 무조건 따르라고 강제하는 것이 아니다.

더욱이 대학, 과목, 교수님에 따라 학생들에게 기대하는 바가 다르게 마련이다. 공부법과 마찬가지로 이 책 한 권으로 그 모든 경우를 다룰 수는 없다. 따라서 이 책은 스스로 이런 것들을 알아 나가고 학습법을 조언하는 데 초점을 맞추려 한다. 그 방법은 실로 다양하다. 질문하고, 실험하고, 때로는 몸으로 부딪쳐보고, 교수님께 지도 받는 과정에서 점점 배워나가는 것이다. 한 마디로 스스로 글쓰기의 전문가가 되도록 돕는 것, 이것이 이 책의 목적이다.

01

에세이를 쓰기 전에

읽는 속도가
너무 느리다면

본인의 읽는 속도가 너무 느리다고 걱정하는 학생이 많다. 이런 학생들일수록 독서란 "1페이지에서부터 마지막 페이지까지 차례차례 책장을 넘기는 행위"라는 고정관념을 갖고 있는 경우가 많다. 실제로 이렇게 독서법을 잘못 알고 있는 사람이 의외로 많다. 이러한 고정관념은 몇 가지 심리적 강박에 기인한다. 책 순서에 따르지 않고 마지막 단원을 먼저 읽는 것에 찜찜함을 느끼거나, 건너뛴 곳에 혹여 중요한 내용이 있어 그것을 놓칠까 두려워하는 것이다. 또는 '통째로 읽기'야말로 교수님이 학생들에게 요구하는 독서법이라고 막연히 믿는 경우도 있다. 그러나 대학의 독서법은 통째로 읽기와는 거리가 멀다. 책 한 권을 완독하려면 당연히 시간이 많이 걸린다. 참고문헌들을 모두 완독하려고 덤볐다가 에세이 제출 기한 전에 자료 읽기조차 끝내지 못할 수 있다. 나아가 학습에 필요한 자신감마저 상처 입을 수도 있다.

　본격적인 내용으로 들어가기 전에 그런 고정관념을 과감히 깨버리자. 지금부터 독서의 목적을 새롭게 정의하자. 독서의 목적은 책 속에 조각조각 흩어져 있는 정보, 추론 과정, 개념, 이론, 설명, 저자의 주장 중에서 필요한 것을 골라내는 것이다. 책을 금은보화가 가득한 보물 상자라고 생각해보자. 욕심을 부려서 상자 속 보물을 자루에 모두 집어넣으려고 했다간 자루가 터지거나 무거워서 한 발짝도 움직이지 못할 것이다. 가장 값진 보석은 따로 있다. 여러분은 그 값진 보석을 찾아내는 가장 빠른 방법을 터득해야 한다. 이 책에서는 그 '보물찾기'의 세 가지 전략을 제시하려고 한다.

　책을 완독하지 않는 것이 마음에 걸린다면 책이 여러분만을 위해서 혹은 여러분의 수강과목이나 에세이를 위해서만 쓰이지 않았다는 것을 명심하자. 따라서 우리에게는 책을 완독해야 할 어떤 의무나 책임도 없다. 게다가 여러분은 예를 들어 250페이지짜리 책 속의 평균 10만개쯤인 단어 중에서 에세이 작성에 필요한 기껏해야 1페이지 분량, 100여 개 정도의 주요 단어를 골라내야 한다. 다시 강조하지만 독서는 예전처럼 책을 처음부터 끝까지 통째로 읽는 것이 아니라, 목적에 맞는 일부 내용을 찾아내는 과정이다.

　그럼 이제 독서 목적이 어떻게 바뀌는지 보자. 이제 독서는 스펀지마냥 글자를 한없이 빨아들이는 행위가 아니라 필요한 정보를 캐내는 탐정 수사가 되었다. 다행히도 인간의 두뇌는 글자를 빨아

들이는 단순노동보다는 정보를 캐내는 행위에 더 재미를 느끼도록
설계되어 있다(도서관에서 책을 펴놓고 한없이 졸다가 눈을 떠보니 한두 페
이지밖에 진도가 안 나간 경험이 있다면 공감할 것이다). 제대로만 한다면
독서는 생각보다 훨씬 재미있는 활동이다!

지금까지 말한 것을 정리하면 세 가지 '독서 전략'을 세울 수
있다: (1)능동적인 독자가 될 것 (2)탐정이 되어 책의 각 장과 문단
을 조사할 것 (3)필요한 정보를 찾아낼 수 있도록 책을 활용할 것.
이 세 가지야말로 대학에서 책을 읽는 기술이다. 독서에 시간을 많
이 쏟는다고 해서 필요한 정보가 저절로 흡수될 것이라고 수동적으
로 믿어서는 곤란하다. 그처럼 헛된 희망을 가졌다면 필요한 지식
을 전부 얻기 전에 먼저 지쳐 나가떨어질 것이다.

독서 속도가 느려질 수밖에 없는 또 다른 이유는 대학의 읽을
거리가 모두 낯선 언어, 즉 학술어로 되어 있기 때문이다. 특히 낯
선 주제일수록 전공 서적은 알아듣기 힘든 학술어로 가득해서, 이
해하기 쉬운 일상 언어로 일일이 '번역'해가며 읽어야 한다(앞서 말
했듯 학술어는 그냥 읽어서는 머릿속에 잘 들어오지 않는 '무늬만 우리말'인 언어
다). 그러나 필요한 부분만 찾아 읽는 독서법을 적용한다면 이 과정
도 상대적으로 쉬워진다.

독서에 대한 고정관념을 모두 버리자. 이제 여러분은 목표에

부합하는 독서법을 익혀야 한다. 그렇게 하기 위해서는 스스로를 탐정으로 훈련시켜야 한다. 그런 뒤 책을 대한다면 이제는 보물찾기의 짜릿함마저 느낄 수 있을 것이다.

대학
학습의 3단계

대학에서의 학습 활동을 살펴보면 대체로 (1)자료 수집하기 (2)자기 언어로 바꾸기 (3)내용 소화하기의 3단계가 반복되는 것을 알 수 있다. 과목 내용을 완전히 이해하려면 이해할 수 있는 언어로 바꾸어야 하고, 그러려면 내용을 선택하여 그에 관한 자료를 수집해야 한다.

자료 수집하기

대학 공부의 기초는 수업과 세미나, 학습 시간에 다른 사람의 저작과 강의를 배우고 토론하면서 다져진다. 이 활동의 영향력은 실로 중대하다. 새로운 내용을 배우려면 앞서 연구한 사람들의 생각을 자기 것으로 만드는 과정이 필수적이기 때문이다.

흔히 이 과정을 단순히 '필기하기'라고 생각하는 사람이 많다.

표 1 대학 학습의 3단계

학습 단계	단계별 과제
자료 수집하기	어떤 내용을 공부할지 선택하고 그에 관한 자료를 확보한다.
자기 언어로 바꾸기	수집한 자료를 친숙한 언어로 바꾸고 부족한 내용을 보충한다.
내용 소화하기	과목 내부의 관점에서, 그 과목 고유의 학술어를 사용해 사고와 추론 과정을 연습한다.

그러나 여기서는 좀 더 폭넓게 '자료 수집하기'라고 부르려고 한다. 우리가 수집해야 할 자료는 직접 손으로 쓴 필기에 국한되지 않기 때문이다.

일단 수업 내용을 빠짐없이 받아적기란 거의 불가능하다. 따라서 핵심만 추려 필기해야 한다. 책도 마찬가지다. 책 전체를 베끼거나 복사하는 것은 불가능하므로(또 무의미하므로) 관련 부분을 골라내야 한다. 물론 낯선 과목을 접했다면 관련 부분이 어디인지 한눈에 알아보기가 쉽지 않을 것이다. 때문에 대개 자료를 될 수 있는 대로 많이 확보한 다음 필요한 부분만 추려내는 방법을 사용한다.

자기 언어로 바꾸기

일단 여러분이 필기한 원본은 교수님이나 책의 저자가 사용한 문장을 그대로 받아적은 것에 불과하다. 그 상태로는 내용이 아직 여러분의 것이 되었다고 할 수 없다. 정도의 차이는 있지만 어떤 과목을 듣더라도 이 단계는 건너뛸 수 없다. 우선 주제 자체가 난해한 데다 복잡한 개념과 낯선 용어가 사용되기 때문이다. 여러분이 읽고 들은 내용은 과목 고유의 전문용어인 '학술어'로 되어 있을 것이다. 이 언어는 얼핏 우리말처럼 보이지만 사실은 외국어나 다름없이 까다롭기 때문에 처음부터 아예 하나의 외국어로 생각하고 접근하는 편이 낫다.

불행히도 대학 출판물의 저자 상당수는 연구 실적과 별개로 글솜씨가 형편없다. 어떤 것은 아예 읽기조차 힘들다. 용어를 일관성 없이 사용하거나 기본적인 내용 안내조차 제공하지 않는 저자도 많다. 어떤 경우 논리적 추론의 가장 기본적인 단계인 기본 명제 정립을 빼먹기도 한다. 심지어 문법과 맞춤법, 문장 구조에 문제가 있는 저자도 있다. 올바른 학술어가 아니라 무슨 뜻인지 모를 말을 장황하게 쏟아내기도 한다.

이런 상황은 두 가지 면에서 문제가 된다. 첫째. 학생들이 나쁜 글 솜씨를 따라할 수 있다. 이런 잘못을 저지르지 않으려면 글을 읽으면서 나쁜 문장을 마음속으로 고치는 연습을 해야 한다. 둘째, 읽는 사람이 저자의 의도와 추론 과정을 따라가기 힘들다. 따라서 저자가 무슨 말을 하는지 알기 위해서는 책 속 언어를 여러분이 이해할 수 있는 언어로 바꿔야 한다. 이렇게 저자의 언어를 독자의 언어로 바꾸는 과정은 무엇을 배우든 항상 일어난다(글이 아니라 말로 설명할 때도 듣는 사람이 "무슨 말인지 모르겠군요. 쉽게 설명해주세요"라고 요청할 때가 많다).

자기 언어로 바꾸는 것은 책 속 문장의 뜻을 그대로 유지하면서 쉬운 언어로 바꾸는 과정이다. 다시 말해 원래 문장을 '바꿔 쓰기paraphrasing' 하는 것이다. 또한 의미를 명확하게 하기 위해 해설이나 견해, 부연설명, 참고 자료 등을 덧붙이는 '주석 달기annotating'도 자기 언어로 바꾸는 과정에 속한다.

내용 소화하기

다음은 학습의 3단계 중 마지막 단계인 '내용 소화하기'다. 소화라는 비유적 표현을 '받아들이기' '흡수하기' 등의 다른 표현으로 바꿔보면 좀 더 분명하게 와 닿을 것이다. 어떤 과목이나 주제를 소화했다는 것은 자기 것으로 받아들여 가르치는 사람의 시선으로 보고 생각할 수 있음을 의미한다. 이 수준에 이르면 얼른 봐서는 이해하기 힘든 부분까지도 훤히 꿰고 그 분야의 학술어를 자유자재로 구사하게 된다.

'자료 수집하기'에서 '자기 언어로 바꾸기' 단계까지와, 그 과목의 언어로 사고하고 추론하는 '내용 소화하기' 단계 사이에는 크나큰 차이가 존재한다. 예를 들어 스페인어를 배운다고 생각해보자. 누군가 스페인어로 질문했는데, 어느 순간부터는 질문을 일일이 해석해서 더듬더듬 대답을 만들어내지 않아도 스페인어로 된 대답이 머릿속에 단번에 "딱!" 떠오른다고 생각해보자. '내용 소화하기'를 마스터하면 바로 그런 일이 여러분에게 일어난다!

지금까지 다룬 학습의 3단계(자료 수집하기, 자기 언어로 바꾸기, 내용 소화하기)로 독서와 관련하여 어떤 점을 알 수 있는가?

먼저 '자료 수집하기'를 위해서는 수집할 자료를 선별하는 기준이 있어야 할 것이다. 읽는 내용을 '자기 언어로 바꾸기' 위해서는 머릿속에 학술어를 자신의 언어로 정리한 일종의 미니사전이 필요할 것이다. 마지막으로 '내용 소화하기'와 관련해서는 책을 읽거나 강의를 들을 때 끊임없이 의문을 가지는 태도가 필요할 것이다.

이 모든 내용에 관해서는 이 책에서 차차 다뤄나갈 것이다.

너무나 많은 참고문헌,
다 읽어야 할까?

3월 ○일. 개강 첫날.

두근두근 떨리는 마음으로 맞은 대학 첫 수업. 인자한 모습의 교수님이 "수업을 이해하려면 이 책들을 읽으라"면서 강의계획서를 나눠주었다. 교수님의 부드러운 말투에 마음 편하게 강의계획서 뒤쪽의 참고문헌 목록을 보았더니…… 헉, 무슨 책이 이렇게 많지? 아무리 대학생 때는 책을 많이 읽는다지만 너무한 것 아닌가? 이 수업, 포기할까?

이런 상황을 겪은 사람이 한두 명이 아닐 것이다. 제목조차 생소한 책으로 가득한 도서 목록을 보면 일단 주눅부터 드는 게 당연하다. 하지만 걱정하지 말자. 대처 방법이 있다.

도대체 참고문헌이 왜 이렇게 많을까? 여기에는 몇 가지 이

유가 있다. 일단 기초 필수 자료일수록 도서관에 비치된 책 숫자보다 대출하려는 학생 숫자가 더 많다. 그래서 교수님들은 학생들이 그 내용에 관한 책을 찾을 확률을 높이기 위해 내용이 비슷한 책들을 두 권 이상 목록에 올려놓는다. 이렇게 비슷한 책들을 모두 읽을 필요는 당연히 없다. 목록의 기초 자료 여러 권 중 한 권만 읽어도 충분하다.

참고문헌이 많은 이유는 또 있다. 어떤 교수님들은 수업에서 에세이를 쓸 때뿐 아니라 시험(특히 법학이나 경제학 수업의 경우)이나 세미나를 준비할 때도 활용할 수 있도록 관련 자료를 모두 참고문헌에 올려놓기도 한다. 학생으로서는 고마운 하나의 '서비스'라고도 생각할 수 있다. 이 경우에는 수업에서 사용하는 필수 도서와 다른 목적을 위한 권장 도서가 구분되어야겠지만, 거기까지 신경 쓰는 교수님은 많지 않다. 운 좋게 구분되어 있다면 당연히 수업에 필요한 책에만 집중하면 된다. 그렇지 않다면 교수님께 어느 책이 수업에 필수적인지 질문하면 된다.

마지막으로, 교수님이 최신 자료를 목록에 추가하면서 절판된 옛날 자료를 그대로 남겨두어서 목록이 길어진 경우도 있다. 과목에 따라 다르지만 일반적으로 10년이나 20년 이상 된 책과 논문은 오래된 자료로 간주한다. 그런 자료보다는 최신 자료를 읽어야 한다. 자료를 읽을 때는 최근 자료부터 읽는 것이 기본이다. 최신 자료에는 새로 발견된 사실뿐 아니라 이전 연구에 대한 요약과 비평, 새로운 참고문헌 목록까지 담겨 있을 때가 많기 때문이다. 목록에 책의 출판 연도가 따로 나와 있지 않다면 교수님께 질문해보자. 일일이 질문하기가 여의치 않다면 도서관의 인터넷 홈페이지에서 서적 정보를 확인하면 된다(이럴 때마다 아날로그 시대에 학교에 다닌 교수님들은 "요즘 세상이 참 좋아졌다"고 말하곤 한다. 이 말인즉슨 "공부하기 편리해졌으니 더 열심히 공부하라"는 이야기다!- 역자 주).

덧붙여 한 가지 조언하면, 점수 비중이 큰 과제나 시험을 항상 의식하자. 참고문헌은 에세이 과제나 토론 수업뿐 아니라 즉석 퀴즈(매주 또는 매일 치르는 수업도 있다)나 점수 비중이 큰 학기말 리포트를 준비할 때도 찾게 된다. 학기 초에 짧은 에세이를 쓸 때는 주제에 대해 전문가 수준으로 줄줄 읊을 필요는 없다(그러고 싶어도 쉽지 않다). 이때는 참고 자료 두세 권만 읽고 눈에 띄는 주장, 쟁점, 의문점 정도만 정리해서 에세이를 쓰면 된다. 이 과정만으로도 충분히 공부가 되며 무엇보다 나중에 더 공부하기 위한 기초를 닦는다는 의미가 있다. 하지만 점수 비중이 큰 과제나 시험은 당연히 그 이상 공을 들여야 할 것이다.

지금까지 말한 내용을 한번 정리해보자.

- 참고문헌에 기초 자료가 여러 권 올라와 있다면 그 중 한두 권만 읽어도 에세이 쓰기에 충분하다.
- 필수 자료, 최신 자료부터 먼저 읽자.
- 학기말에 점수 비중이 큰 리포트를 쓸 때가 되기 전에는 주제에 대해 모든 것을 알 필요는 없다. 따라서 그 전에는 내용에 집중하자.

이제 어깨가 한결 가벼워진 느낌이 들지 않는가? 다음 장에서는 독서의 목적과 전략에 대해 알아보자.

우리에게는
책을 완독해야 할
어떤 의무나 책임이 없다.

02

독서의 목적과 전략

무엇을 위해
읽는가?

책을 읽기 전에는 먼저 그 글을 왜 읽는지, 어떤 내용을 찾으며 읽을지 분명히 정해야 한다. 이런 과정 없이 읽기 시작한다면 금세 정신은 딴 데로 가버리고 헛되이 책장을 넘기면서 멍하니 글자만 바라보기 쉽다. 뭔가를 읽기 전에는 언제나 이런 질문을 던져보자. (1)이 책을 읽는 목적은 무엇인가? (2)어떤 내용을 찾아내야 하는가? (3)지금 수행할 과제는 무엇인가?

"참고문헌에 있으니까"는 책을 읽는 까닭으로 그다지 설득력이 없다. "교수님이 읽으라고 했으니까"는 더 그렇다. 좀 더 구체적으로 독서의 목적을 설정하자. 눈앞에 놓인 책에서 여러분이 얻으려는 것은 무엇인가?

표 2에는 다양한 독서의 목적과 전략 중 대표적인 네 가지를 담았다.

표 2 목적별 독서 전략

독서 전략	독서의 목적
요약하며 읽기	책의 전반적인 흐름을 파악해야 할 때
시험 준비를 위한 읽기	시험 때문에 책의 내용을 완벽히 숙지해야 할 때
목표 내용 찾아내기	에세이, 학위 논문, 발표 수업, 시험 준비 등에 필요한 내용을 찾아야 할 때
'멈출 수 없는' 또는 '멈추기 싫은' 충동적 읽기	무심결에 읽기 시작한 책에 빠져들어 마지막 장까지 손에서 놓지 못할 때. 학과 공부보다는 재미를 위한 독서일 가능성이 크다. 노력이 많이 필요하지 않지만 앞의 유형만큼 시간을 잡아먹는다.

때로는 무심코 집어든 소설책 한 권이 너무 재미있어서 새벽 3시가 되어도 손에서 떼기 싫은 경우도 있다. 물론 이런 충동을 억누를 필요는 없다. 하지만 과제가 많을 때는 제한된 시간을 효율적으로 사용해야 한다. 따라서 이 책에서는 앞의 세 가지 독서 전략에 초점을 맞추고자 한다. 눈을 뗄 수 없을 만큼 재미있다고 해도 잠시 미뤄두었다가 에세이나 발표를 마치고 나서 자신에 대한 보상으로 즐겁게 읽도록 하자. 원래 고생 끝의 행복이 더 달콤한 법이다!

자료 수집하기와
자기 언어로 내용 바꾸기

독서 전략을 자세히 다루기 전에 전반적인 요점 몇 가지를 짚고 넘어가자.

첫째, 자료 수집 단계에서 수업과 책의 내용을 일일이 받아적는 일은 피하자. 결국 자신을 엄청나게 비효율적인 인간 복사기로 만들 뿐이다. 전부 받아적기도 불가능할 뿐더러 설령 성공한다고 해도 여러분의 것으로 소화되지 못한다. 요컨대 단순 복사의 노동은 결국 내용이 '여러분의 것'이 되지 못한다는 점에서 가치가 없다.

둘째, 책의 분량이 많다고 해서 애써 압축하려 하지 말자. 맥락을 고려하지 않은 채 분량만 줄이려고 골몰해봐야 앞서와 마찬가지로 시간낭비일 뿐이다. 수많은 진주조개 속에서 단 한 알의 진주를 찾아내는 것처럼 어떤 읽을거리를 압축하는 일에는 시간과 노력이 많이 든다. 선택과 집중의 지혜를 발휘하자. (1)눈에 띄는 두세 가지 주제를 선택하여 (2)어떤 접근법과 연구 방법이 사용되었는지 염두에 두면서 (3)결론이 어떻게 내려지는지 살펴본다. 이 과정이 끝나면 필요할 때 다시 활용할 수 있도록 내용을 노트에 정리해두자.

셋째, 책의 내용이 원래 알던 또는 안다고 생각했던 것과 다르다고 해서 낙담할 필요는 없다. 잘못을 고칠 기회라고 긍정적으로 받아들이자. 원래 공부란 기존 지식을 고치면서 배워나가는 과정이다. 때로는 같은 분야의 책들이라도 견해가 근본적으로 다를 때도 있다. 이때야말로 비판적으로 읽는 방법을 배울 좋은 기회다. 먼저 견해의 차이가 어디에서 나오는지 추적해보자. 기본 명제가 달랐기 때문인가? 아니면 참고 자료나 분석 방법이 달랐기 때문인가? 어디에서 차이가 발생하는지 찾아냈다면 누구 편을 들지는 이제 여러분의 몫이다. 두 저자 중 어느 한쪽은 잘못 추론하거나 논리적 오류를 범하고 있는지도 모른다. 이 과정에 자신이 없다면 교수님께 도움을 청해보자. 아마 이런 '범인 찾기'를 기꺼이 도와줄 것이다.

비판적으로 읽기는 경험이 필요한 어려운 기술이다. 그 경험을 쌓는 가장 좋은 방법은 같은 주제의 책들을 읽은 뒤 차이점을 찾아내며 연습하는 것이다.

넷째, 낯선 과목을 들을 때는 공식적으로 지정된 교재나 프린트, 하다못해 두툼한 강의계획서라도 있으면 어쩐지 안심이 된다. 하지만 이런 '떠먹여주는' 기초 자료는 학기 초에 내용에 익숙해지는 용도로는 쓸모 있을지 몰라도 자신의 생각을 펼치는 단계부터는 그다지 도움이 되지 못한다. 더군다나 이런 자료는 너무나 기초적이어서 인용 자료의 출처로 언급하기에도 민망한 경우가 많다. 그러니까 에세이를 쓸 때는 '떠먹여주는' 자료가 아니라 거기에서 언급하는 학술서적들을 이용해야 한다. 그래야 여기저기서 짜깁기한 내용을 담은 이른바 '2차 자료'의 한계와 불충분점을 꿰뚫어 보고 비판적으로 읽는 능력이 생겨난다.

다섯째, 대학의 학술서적과 논문 등을 처음부터 쉽게 읽는 사람은 없다. 내용을 이해하기 전에 먼저 번역하는 과정을 거쳐야 한다는 점에서 이런 자료들은 사실상 외국어 책이나 다름없다. 특히 외국어로 된 학술서적을 읽으려면 노력이 두 배 이상 든다. 그렇다고 낙담하거나 스스로 학습 능력이 모자라다고 생각할 필요는 없다. 이 책에서 제시하는 방법을 따르다보면 차츰 익숙해질 것이다.

여섯째. 글을 읽을 때는 언제나 구조를 살펴보아야 한다. 어떤 학생이 논문 한 편을 이해하지 못하겠다면서 가져온 적이 있다. 얼마 읽어보기도 전에 그 논문의 목차와 서론, 본론, 결론에서 제시한 연구의 목적이 제각기 다르다는 사실을 발견했다. 가장 큰 문제는 제목에서 질문을 제기하고 있음에도 그에 대한 대답이 논문이 끝날 때까지 나오지 않는다는 것이었다. 이쯤 되면 이해하지 못하는 것이 당연하다. 학생의 능력 부족이 아니라 논문의 구성에 문제가 있었기 때문이다. 구성이 잘못된 글을 오직 과제 때문에 읽어야 한다면 교수님께 논문을 읽을 때 어디에 주안점을 두어야 하는지 질문하자. 뾰족한 대답이 나오지 않는 이상 그 글을 읽으려고 애쓰지 않는 편이 낫다.

일곱째, 대학에서는 독서하면서 연관성을 판단하는 안목과 읽은 내용을 자신의 언어로 바꾸는 능력이 필요하다. 또 빨리 읽기보다는 필요한 내용을 이해하고 넘어가는 것이 중요하다.

여기서 독서의 속도와 관련하여 '초고속 읽기speed reading'와 '사진 찍듯 읽기photo reading'라는 속독速讀 기술에 대해 잠깐 설명하고자 한다. 이 기술들은 마치 눈에 사진기를 심은 것처럼 책을 넘기면서 페이지를 머릿속에 '사진 찍은' 뒤 관련 내용만 취하는 독서법으로, 일반적인 독서법보다 속도가 훨씬 빠르다. 이 기술들은 분명 이 책에서 제시하는 독서의 전략과 일맥상통한다. 다만 학술어를 자기 언어로 바꾸는 중간과정이 필요할 때는 별로 도움이 되지 않으므로 깊게 다루지는 않겠다.

하지만 기술이 없어서라기보다는 잘못된 독서 습관 때문에 읽는 속도가 느린 경우가 역시 가장 흔하다. 예를 들어 입으로 소리 내어 읽는 습관이 있다면 독서 속도가 말하기 속도에 머무르며, 당연히 눈으로만 읽을 때보다 훨씬 느리다. 게다가 어떤 단어에서 걸리게 되면 시선이 글을 따라 부드럽게 움직이지 않고 탁탁 막히게 된다. 이런 습관은 위에서 언급한 '초고속 읽기'로 고칠 수 있다. 인터넷에서 속독법에 대한 자료를 한 번쯤 검색해보자(무료 자료도 많다). 한 번에 한 단어밖에 못 읽는 대신 '초고속 읽기'와 같은 독서법으로 두세 줄씩을 한꺼번에 읽음으로써 속도가 빨라질 수 있다.

여덟째, 수업 준비용으로 제본한 자료에 의존하지 말자. 때때로 논문이나 책의 일부를 발췌해서 제본한 자료를 따로 팔거나 때로는 수업 시간에 나눠준다. 이런 자료를 갖고 있다고 해서 마음을 놓을 수는 없다. 책의 한 장을 따로 발췌해 놓으면 (자체로 완결되는 독립된 장이 아닌 경우) 많은 맥락을 놓치기 쉽다. 따라서 어떤 책의 일부분이 필요하다면 출처가 되는 원래 책을 찾아서 최소한 서론과 결론, 요약 부분이라도 훑어보자. 경험에 비추어볼 때 그런 노력을 기울인 학생은 언제나 노력에 상응하는 좋은 결과를 얻었다.

요약하며 읽기:
효과적으로 요약하기

〈요약하며 읽기〉는 전체 내용에 대해 큰 그림을 그려야 할 때, 즉 전반적인 조망이 필요할 때 사용하는 전략이다. 숲의 지도를 그릴 때 나무들을 일일이 그려 넣지 않는 이치와 같다. 마찬가지로 책이나 논문을 요약할 때는 세세한 예시는 생략하고 전반적인 흐름만 제시하면 된다. 이 전략은 낯선 연구 분야를 접할 때나 생소한 책을 비평할 때 유용하다.

표 3에 제시된 단계를 따라가면서 글의 전반적인 모습을 파악하자. 이 내용은 책 전체를 읽을 때, 편저에 수록되었지만 자체로 완결성을 가진 장章을 떼어 읽을 때, 학술지에 게재된 논문을 읽을 때 모두 적용할 수 있다.

표 3 요약의 6단계

단계	단계별 과제
1단계	글의 유형 파악하기
2단계	글의 구조 파악하기
3단계	저자의 접근법 파악하기
4단계	결론 파악하기
5단계	글의 지도 만들기(필요하면)
6단계	요약 종합하기

1단계: 글의 유형 파악하기

생소한 글을 읽으려고 할 때 어떤 유형에 속하는지 알고 나서 시작하면 큰 도움이 된다. 표 4에는 가장 흔한 몇몇 유형(이 단어의 뜻은 표에 밝혀두었다)과 유형 파악에 도움이 될 만한 핵심 단어가 나와 있다.

유형을 파악하려면 어떻게 해야 할까? 단행본일 경우 우선 서론이나 머리말 등이 붙어 있다면 그 부분을 먼저 훑어보자. 도입부가 되는 장 또는 제1장과 마지막 장을 마찬가지로 훑어보자. 독립된 소논문이나 별도로 떼어낸 장일 경우에는 요약문이나 초록抄錄, abstract, 도입 부분과 맺음 부분을 훑어보면 된다. 책이든 논문이든 완독하려 하지 말고 그냥 훑어만 보자. 그러면서 표 4의 오른쪽 칸에 나열한 핵심 단어들이 있는지 살펴보자. 특별한 숙달 과정 없이도 한눈에 글이 어떤 유형에 속하는지 알아차릴 수 있을 것이다.

표 4 글의 유형별 특징과 핵심 단어

유형	특징	핵심 단어
의문과 해답	의문점을 제기한 뒤 결론에서 답을 제시한다. 답은 저자의 견해일 수도, 이론과 원리를 통한 설명일 수도 있다.	의문, 답변, 추론, 난제, 해법, 현상, 상황, 사건, 행동, 설명·설명하다, ~를 뜻하다, 증거, 관찰, 요인, 조건, 과정, 작동 원리, 이론
연구 보고서	저자가 어떤 연구에서 어떤 결과를 얻었는지 밝힌다.	조사, 사례 연구, 목적, 명제, 방법론, 분석, 증거, 사실관계, 결과, 발견점, 중요성, 결론
평론	특정 분야의 연구 결과, 문학 작품, 최신 기술, 현안 쟁점 등을 평가한다.	평론, 문학 평론, 조사, 최신 기술, 쟁점, 비평
이론	새롭게 등장한 개념의 구조와 그 시사점을 제시한다.	이론, 개념, 가정, 모형, 변인, 원인과 결과, −주의(−ism)
주장	대상에 대해 특정 입장에서 주장을 제시한다.	주장·주장하다, 논제, 사례, 명제, 비판하다, 비평, 반대, 논박, 유효·무효한, 정확·부정확한
문제와 대처방안	"~와 같은 문제에 어떻게 대처해야 하는가?"와 같이 현안을 제시한 뒤 결론에서 대처 방안을 제시한다.	쟁점, 문제, 질문, 딜레마, 난점, 해결책, 제안, 추천, 행동 방향, ~해야 한다, ~하지 않으면 안 된다, 옳고 그름, 비용, 효용·효용성 있는, 유해한, 적절·부적절한
주제 분석	특정 주제의 관련 내용을 모두 다룬다. 위 유형들의 특징을 일부 또는 전부 갖고 있다.	주제, 국면, ~를 보라, 논하라, 고려하라, 논의에 기여하다

| 순차적
추론 | 위 유형들의 일부 또는 전부가 글의 구성 요소가 되며, 각 요소들이 순차적으로 맞물려 있다. | |
| 수업
교재 | 위 유형들의 특징을 일부 또는 전부 갖고 있다. 학생 수준에 맞춰 연구 방법이나 이론의 기초적 내용을 다룬다. | |

목록을 살펴보면 '수업 교재'를 제외한 대부분의 유형이 과제에 맞게 쓰인 글이 아님을 알 수 있다. 따라서 과제라는 특정 목적을 위해서는 선택과 집중의 전략을 사용해야 한다. 실제로 학술어로 쓰인 어려운 책들과 씨름할 때가 되면 이 전략이 얼마나 유용한지 알 수 있을 것이다.

2단계: 글의 구조 파악하기

글의 구조란 저자가 글을 조직하고 배열하는 방식을 말한다. 구조를 파악하려면 다음과 같은 것들을 확인해야 한다.

- 읽을 대상이 단행본이라면 먼저 목차를 훑어보자. 각 장의 제목에서 정보를 얼마나 얻을 수 있는지 살펴보자. 각 장이 '제1부' '제2부'와 같이 묶여 있는가? 각 장의 부제에서 내용에 대한 단서를 찾을 수 있는가?
- **머리말과 도입부**(도입부가 꼭 '제1장'과 같은 제목이 아닐 수도 있다)를

펴서 각 장에 대한 설명을 읽어보자. "제2장에서는 ~을 다루었다"나 "제3장에서 ~에 대해 살펴보자"와 같은 표현을 찾아보자. 그리고 앞에서 살펴본 각 장의 제목과 비교해보자. 그런 다음 목차에 간략한 내용 설명을 추가하여 책의 목차보다 상세한 '나만의 목차'를 만들자.

한 가지 조언하면, 글의 앞뒤를 대조하여 내용과 용어가 일관적인지 확인하는 '비교 검토'는 아주 유용한 독서 습관이다. 만약 책의 용어나 내용이 일관적이지 않다면 주의해야 한다. 이런한 일관성 없이 저자가 조리 있게 생각을 펼치기는 힘들기 때문이다.

- 각 장이 다시 절로 나뉘어 있다면 각 절의 제목도 목차에 나와 있는지 살펴보자. 그렇지 않다면 각 장을 하나하나 넘기면서 각 절의 제목까지 포함한 간단한 목차를 만들어보자. 딱히 노력은 많이 들지 않으면서 상당히 많은 정보를 얻을 수 있다.
- 읽을 대상이 단행본 전체가 아니라 독립된 장이나 논문이라면 목차가 따로 없을 수도 있다. 따라서 '나만의 목차'를 만드는 과정이 더 중요하다. 목차를 직접 만들 때는 각 단락의 제목과 부제, 소제목을 포함시키자. 이 목차는 나중에 유용하게 쓰일 것이다. 예를 들어 어느 부분을 먼저 읽고 어느 부분을 나중에 읽어야 할지 판단 기준이 될 수 있다.
- 글의 결론은 어디에 제시되어 있는가? 〈결론〉이라는 제목의 장이나 절이 따로 있는가? 그렇지 않다면 직접 결론을 찾아나서야 한다. 결

론이 숨어 있는 곳은 본론의 뒷부분일 때가 많다. 가끔 결론이 엉뚱하게 머리말이나 도입부에 있을 때도 있다(특히 글이 '이론'이나 '주장' 유형인 경우 그럴 가능성이 높다).

- 각 장과 절의 연결부를 눈여겨보자. 장과 장, 절과 절이 어떻게 연결되는지 잘 나타나는 곳은 첫 문단과 마지막 문단이다. 첫 문단에서는 "이전 장·절에서 우리는 ~을 다루었다"와 같은 표현을, 마지막 문단에서는 "다음 장·절에서는 ~을 다룰 것이다"와 같은 표현을 찾아보자. 또 책의 마지막 장에는 이전 장들에 대해 간략하게 언급한 부분이 있을 것이다. 혹시 그런 부분이 없다면 마지막 장과 이전 장들의 연결 관계를 직접 읽으면서 파악해야 한다.

3단계: 저자의 접근법 파악하기

여기까지 왔으면 읽고 있는 글이 표 4에서 어떤 유형에 속하는지 다시 한 번 생각해보자. 유형을 파악하려면 단행본의 경우 머리말과 도입부, 제1장과 마지막 장을 살펴보면 된다. 독립된 장이나 논문이라면 요약문과 도입부, 결론을 읽어보면 된다. 여기 저자의 접근법을 파악하는 데 유용한 몇 가지 확인 사항이 있다.

- 이렇게 질문해보자. "저자가 이 책을 쓴 이유는 무엇인가?" "대상 독자는 누구인가?"
- 책의 목적과 목표가 일관되게 언급되는지 확인해야 한다. 책 앞부분뿐 아니라 결론 등 뒷부분에서도 마찬가지다. 책의 결론이나 논문의

종결부에 글의 목적을 다시 언급하면서 이전과 다른 표현을 갑자기 사용하기도 한다(저자들은 대개 결론 내릴 때가 되어서야 지금까지의 과정을 돌아보고 정리하기 때문에, 글의 마지막 부분에 언급된 목적이야말로 가장 명료한 '최종 버전'인 경우가 많다).

- '의문과 해답' 유형의 글을 읽을 때는 글에서 제시하는 의문과 해답에 주목해야 한다. 구체적으로는 (1)의문이 다루는 사건과 상황, 행위와 (2)의문으로부터 해답에 이르는 추론의 형식을 주의 깊게 살펴보자. 그 형식이 어떤 사실에 대한 서술인가 아니면 사실관계에 대한 언급이나 "~하면 어떠할 것인가?"와 같은 가정인가? 저자가 중점을 두는 것은 의문에 대한 타당한 해답의 제시인가, 아니면 대상에 깔린 원리가 이론과 실례에 부합하는지 검증하는 과정인가?

마찬가지로 저자가 사용하는 학술어의 경향(자주 사용되는 단어나 서술 방식, 다른 분야와는 다른 뜻으로 쓰이는 말들)에 대해서도 신경 쓰자.

- '연구보고서' 유형을 읽을 때는 저자의 목표와 방법론(실험 방법), 실험 결과와 발견점, 결론에 주목해야 한다. 이 과정에서 두 가지에 유의하자. (1)연구보고서의 결론은 언제나 저자가 행한 실험의 결과를 해석함으로써 도출된다. 따라서 저자가 실험 결과를 해석하는 과정을 잘 살펴보자. (2)〈요약하며 읽기〉 방법에서 저자의 연구 방법론에 대해 구체적으로 알 필요는 없다. 따라서 꼭 필요한 경우를 제외하고

는 방법론에 너무 집중하지 않아도 된다.

- '평론' 유형의 글을 읽을 때는 저자의 결론에만 집중하면 된다. 따라서 필요한 경우가 아니면 다른 부분을 읽느라 시간을 보내지 말자. 다른 부분을 읽어야 할 경우에도 항상 읽는 목적을 염두에 두고 최대한 시간 소비를 줄이도록 하자.
- '이론' 유형의 글을 읽을 때는 용어 이해가 급선무다. 낯선 용어와 표현이 나오면 책 뒤쪽의 색인 부분에서 그 의미를 확인해야 한다. 새로운 용어들을 정리하고 그 뜻까지 풀이한 일종의 '나만의 사전'을 만드는 것도 좋은 방법이다.

이 단계가 지나면 이제 다음의 세 가지를 눈여겨보자. (1)저자는 이 이론이나 모형의 목적이 무엇이라고 서술하는가?("설명하다" "연관되다" "종합하다" "관련짓다" "기술하다" 등의 서술어를 찾아보자) (2) 글에서 제시하는 이론에는 어떤 가정과 전제가 깔려 있는가? (3)저자는 이론의 유효성과 효용성을 어떻게 검증하는가?

- '주장' 유형의 글은 쟁점이 되거나 의견이 불일치하는 부분을 밝히고 비판하기 위해 서두에서 저자의 견해를 제시하는 것이 보통이다. 그 나머지 부분은 의견 불일치 부분을 하나하나 짚어가는 과정으로 채워져 있을 것이다. 따라서 저자의 견해가 다른 견해와 어떤 부분에서 불일치하는지 주목하자.
- '이슈 중심' 유형의 글을 읽을 때는 먼저 해당 이슈에 대해 분명하게

서술하는 부분을 찾아보자. 주제가 되는 이슈는 역사나 문학 등에 관한 자료, 기사, 리뷰의 형태로 제시되곤 한다. 따라서 이 중에서 이슈를 추출하여 정리하는 과정이 필요하다. 일단 이슈에 대한 서술 부분을 찾아냈다면 그 다음은 저자가 지지하는 대처 방안이 무엇인지 찾아낼 차례다. 그리고 그 대처 방안에 어떤 전제가 깔려 있는지 찾아보자. 주의할 점은 그 전제를 찾아낸 다음, 저자에게 그대로 동조하기보다는 재차 생각해볼 여지를 남겨두어야 한다는 것이다. "~해야 한다" "~하지 않으면 안 된다"와 같은 '당위성'에 관한 표현과, "옳은" "그른"과 같은 '가치 판단'을 담은 표현을 구분하여 찾아보자. 저자는 이런 표현들을 해결 방안을 찾아나가는 과정 전반에 사용하고 있는가, 아니면 결론을 내릴 때 사용하는가?

- '주제 분석' 유형의 글을 읽는 것은 조각들을 이어 붙여 만든 콜라주 작품을 감상하는 것과 비슷하다. 여기서 조각들이란 '의문과 해답' '연구보고서' '설명' 등의 단일한 유형을 말한다. 따라서 이런 유형의 글은 읽으면서 머릿속에서 정리하기가 어려운 편이다. 비유하자면 셔츠는 셔츠대로, 바지는 바지대로 정리하지 않고 마구 뒤섞어 놓은 옷장과 같다. 게다가 각각의 재료에 사용된 언어는 어려운 학술어여서 명료하지 않게 이리저리 돌려 말하는 경우가 많다.

이런 글에서 다루는 주제는 명쾌하게 진술하기 까다롭다. 주제와 관련된 문제, 현상, 전제 등이 복잡하고 다양해서 정밀하게 제시하지 않고 어물쩍 넘어가는 경우가 많다. 이럴 때 저자들은 "요구하다”“검증하다”와 같은 표현보다는 “살펴보다”“논의하다”“숙고하다” 같은 모호한 표현을 즐겨 쓴다.

따라서 이런 유형의 글을 읽을 때는 첫 장과 마지막 장의 내용, 그리고 목차로 저자의 접근법을 파악해야 한다. 운이 좋다면 목차를 훑어보는 것만으로 어떤 내용이 어느 장에서 다루어지는지 추측할 수 있을 것이다. 각 장의 제목이 막연하게 붙어 있다면, 심지어 제목이 따로 없다면(예를 들어 글이 제1장, 제2장 하는 식으로 번호만으로 장을 구분하고 있다면) 첫 단락과 마지막 단락을 일일이 읽어보는 수밖에 없다. 아니면 색인 부분을 읽어보자. 어느 용어가 특정 부분에 집중된다면 그 용어야말로 그 페이지가 속한 장에서 다루는 주제일 가능성이 높다(가능성이 높다는 것일 뿐 확실하지는 않다. 결국 첫 단락과 마지막 단락을 읽어보는 방법이 가장 좋다).

- ‘순차적 추론’ 유형의 글을 읽을 때는 각 단계의 구성 요소들을 한눈에 구별할 수 있어야 한다. ‘연구’가 이루어진 뒤에 연구로부터 도출된 ‘결과’가 제시되고, 그것을 바탕으로 ‘특정 입장을 선택’하는 등 앞 단계의 활동이 뒤따르는 단계의 기반이 되는 경우가 많다. 이러한 순차적 관계를 먼저 파악하자. 순차적 추론 유형의 각 단계를 구성하는 요소들은 앞서 다룬 유형이므로 그에 맞는 방법으로 읽으면 된다.
- 제대로 구성된 ‘수업 교재’ 유형이라면 내용을 들여다보기도 전에 이미 목차의 제목과 구성에서 많은 정보를 얻을 수 있다. 수업 교재는

처음부터 끝까지 한 단원씩 순서대로 읽어야 할 때도 있고, 그때그때 다른 자료와 대조하면서 참고 자료로 활용해야 할 때도 있다. 만약 목차에서 정보를 충분히 얻을 수 없다면 앞서 말했듯 스스로 각 장의 제목과 부제 목록을 만들고 어떤 내용이 담겨 있는지 간단하게 설명을 달아보자. 〈요약하며 읽기〉 전략에서는 이것만으로도 전체 윤곽의 파악과 내용 요약이라는 목적을 달성하기에 충분하다.

4단계: 결론 파악하기

결론은 글마다 다양한 모습으로 나타난다. 예를 들어 연구보고서의 결론에는 저자가 발견한 내용에 대한 설명과 추가 연구의 필요성, 연구 방법론에 대한 고찰, 그리고 연구 결과로 발견된 사실의 중요성과 시사점에 대한 논의가 담겨 있을 것이다. 글의 결론이 어디 있는지 찾았으면 이런 질문을 던져보자.

- 저자는 어떤 결론에 도달하고 있는가? 그 결론은 무엇에 관한 것인가? 결론에 포함된 내용을 모두 알 필요가 있을까? 만약 결론 내용 중 일부만 필요하다면 일이 크게 줄어드는 셈이다.

한 가지 당부하면, 중간 장들을 건너뛰고 결론이 제시된 마지막 장을 바로 읽는 것을 불편하게 생각할 필요가 없다. 우리에게는 책을 모두 읽을 어떤 의무도 없다. 결말로 바로 건너뛴다고 해서 반칙인 경우는 미스터리 영화의 결말을 아직 안 본 사람에게 발설

할 때(이른바 ‘스포일러’라고 부르는 바로 그것!)뿐이다. 사실 책의 결말부는 이전 내용을 정리하고 저자의 사고가 어떻게 흘러왔는지 짚어가기에 아주 좋은 ‘출발점’이라고 할 수 있다. 뒷부분에 있다고 해서 꼭 나중에 읽어야 하는 것은 아니다.

- 결론이 글 여기저기에 흩어져 있다면, 그 문장들을 한데 모았을 때 일관성이 있는가?
- 저자의 결론이 머리말과 도입부, 제1장(책일 경우), 요약문(논문일 경우)에 밝힌 목적에 부합하는가? 예를 들어 저자가 글 첫머리에 질문을 제기했다면 결론에서 그에 대한 대답을 제시하는가? 어떤 영역을 조사한 글이라면 결론에 그 결과가 다루어지는가? 어떤 주제에 대해 논의한 글이라면 결론에서 각기 다른 견해들이 통일성 있게 종합되는가?

모든 글에는 결론이 있음을 명심하자. 특히 저자의 사고가 두서없이 펼쳐져 읽기 어려운(심지어 공부를 오래 한 사람에게도 까다로운) ‘이론’과 ‘주제 분석’ 유형의 글일 경우에는 더욱 그러하다. 만약 이런 유형의 글 때문에 고생하고 있다면 다음과 같은 방법을 써보자. 잠시 글을 내려놓고 편한 장소에 앉아서 친구와 커피를 마신다고 상상해보자. 이제 그 친구가 여러분에게 묻는다. “너는 이 책의 요점이 뭐라고 생각해?” 스트레스 받지 말고 편안한 마음으로 종이에 생각나는 대로 적어보자(진짜로 커피 한 잔을 앞에 놓고 친구와 책 이야기를 주고받으면 마음이 편안해지는 효과가 더욱 클 것이다). 그리고 책을 읽게 한 교수님께 가서 똑같이 "이 책의 요점은 무엇입니까?"라고 질문해보자. 아마도 학생이 노력하는 모습을 보이는 것만으로도 기쁜 마음으로 지도해줄 것이다.

5단계: 글의 지도 만들기(필요하다면)

'지도 만들기'란 글을 이루는 블록과 블록을 잇는 연결고리를 시각적 형태로 나타내는 활동이다. 그러나 시각적 형태라고 해서 모든 사람에게 도움이 되는 것은 아니다. 만약 도움 되지 않는 유형이라면 이 단계는 생략해도 된다.

글의 지도 만들기에는 글의 유형과 구성을 파악하고 저자의 접근법을 따라가는 과정도 포함되어 있다. 여러분은 이미 앞의 1~4단계에서 이 단계를 마쳤다. 이번에는 글의 각 블록을 잇는 연결고리에 주목하자.

먼저 글을 이루는 블록은 '장章, chapter'과 '절節, section'이다. 두 블록이 연속될 때 뒤 블록이 앞 블록으로부터 도출되거나 앞 블록의 논리적 결과물이라면 두 블록 사이에는 연결고리가 있다고 볼 수 있다. 예를 들어 연구에서 어떤 명제를 검증할 때 각 과정은 언제나 앞 과정에 기반을 두고 있다. 연구 과정을 먼저 언급한 다음 연구 결과를 제시하고, 다시 그 결과에서 연구의 중요성을 논의하는 식이다.

블록 사이의 연결고리를 일종의 물리적 행위나 관계에 비유하면 더 알기 쉬울 것이다. 다음 문장 중에서 밑줄 친 부분을 잘 살펴보자.

- 이 방법론의 기반이 되는 것은 ~와 같은 명제다.
- 결론에서 저자는 도입부에서 언급한 질문으로 돌아간다.
- 그 논의는 ~를 한 점으로 수렴한다.
- 저자의 주장은 계단식으로…….
- 각 사례 연구는 병렬식으로…….

이렇게 물리적 행위나 관계로 비유된 연결고리를 시각적으로도 나타낼 수 있을 것이다. 선과 화살표, 네모상자 정도만 그릴 줄 알면 논리적 추론 과정을 나타낼 수 있다.

글의 지도를 만드는 과정은 다음과 같다. 우선 큰 종이 한 장을 구해서 펼쳐놓자. A3 정도 크기의 종이를 가로 또는 세로(사람에 따라 선호하는 방향이 다르다)로 쓰면 여유 있어서 좋다. 연결 관계가 가장 분명해 보이는 블록들부터 먼저 선으로 연결고리를 표시하자. 이것이 글의 지도의 중추가 된다. 그런 다음 다른 블록이 이 중추에 어떻게 연결되는지(또는 연결되지 않는지) 표시하자. 모든 연결고리가 선으로 표시될 때까지 블록 사이에 선을 그려나가자. 연결고리가 없는 블록이 있다면 가장자리에 섬처럼 따로 떼어놓는다. 모든 블록과 연결고리가 그림에 나타나 있다면…… 글의 지도가 여러분의 눈앞에 있을 것이다.

여기서 중요한 것은 지도의 구체적인 모습이다. 지도에 온통 섬만 가득하다면 연결고리를 찾으려고 시간을 낭비하지 말자(놓친 연결고리가 있는지 검토할 필요는 있다. 교수님께 그 책을 추천한 이유를 물어보는 것도 좋은 방법. "이 책은 이러이러하기 때문에 참고할 만하다"는 대답 속에 연결고리의 단서가 드러날 수도 있기 때문이다). 지도에 섬이 몇 개만 있다면 이 섬들은 글의 주요 흐름에 속하지 않으므로 〈요약하며 읽기〉를 위해서는 읽지 않아도 괜찮다.

마찬가지로 책의 어떤 부분이 결론 도출에 전혀 기여하지 않는 경우가 있다(이런 부분은 마지막 장에서조차 다시 언급되지 않는다). 이런 '길 잃은' 장들도 읽지 않거나 나중에 읽어도 상관없다.

글의 지도가 '배경 지식'에서 '결론'에 이르기까지 블록을 꿰는 한 줄기의 모습이라면 이 블록들이 글의 흐름으로 '흘러드는' 것인지 글의 흐름에서 '흘러나오는' 것인지 화살표로 표시해야 한다. 만약 글의 흐름에서 '흘러나오는' 블록이라면 너무 신경 쓸 필요 없다. 말 그대로 부수적인 쟁점이니까. 대신 글의 주요 흐름과 그에 '흘러드는' 블록에 집중하자.

때때로 어떤 연결고리들이 모두 시계방향 또는 반시계방향으로 꼬리에 꼬리를 무는 경우도 있다. 이것은 여러분이 저자의 사고 과정을 그대로 따라가고 있음을 뜻한다. 책을 쓰는 사람은 보통 두 가지 의무를 지켜야 한다. 하나는 자신의 사고가 장에서 장으로 넘어갈 때 제대로 된 구조로 정리해야 할 의무고, 다른 하나는 이 구조를 독자가 이해할 수 있게 표현해야 할 의무다. 여러분이 읽는 책이 같은 주제의 책들 중 이른바 '원조'에 속한다면 저자의 사고 과정은 직선적 구조와는 거리가 멀고 복잡할 것이다. 새로운 영역을 처음 연구할 때는 정리가 덜 된 경우가 많기 때문이다. 이런 글을 읽는 것은 마치 그림이 닳아서 희미해지고 몇 조각이 없어진 데다 조각의 가장자리까지 갈려나간(!) 지그소 퍼즐을 맞추는 일과 같다. 사실 사고 과정에 빈틈이 없어 보이는 학술서조차도 자세히 들여다보면 빈틈이 있거나 내용에 비약이 있는 경우가 많다. 그렇기 때문에 지도를 그려서 사고 과정의 빈틈을 찾아내는 것이다.

결론적으로 글의 지도 만들기는 저자가 나타내려는 바와 함께 각 블록들의 관계를 한눈에 파악할 수 있는 유용한 방법이다. 지도를 만드는 과정이 시각적으로 각인되어 내용 기억에 도움이 되기도 한다. 연습을 거듭하면 250페이지짜리 책이라도 대개 30~40분 만에 지도를 만들어내서 요점 정리에 활용할 수 있다.

'요약 종합하기'는 1~4단계에서 만든 결과물을 합치면서 5단계에서 떠오른 생각을 더하는 단계다. 이 작업 또한 다섯 단계로 나누어 정리할 수 있다.

- **글의 유형: 기본적인 사항**(제목, 저자, 발행일, 출판사)**과 표 4의 분류에 따른 유형을 적어두자. 글을 어떻게 구성할지에 관한 아이디어 또한**

여러분의 글에 덧붙여둔다.

- 글의 구조: 저자가 글을 조직한 방식, 즉 어떻게 각 부분을 나누고 합쳤는지 간단하게 설명한다. 5단계에서 글의 지도를 만들어두었다면 유용하게 쓰일 것이다. 어느 부분의 구조가 파악하기 어렵거나 쉬웠는지 표시하고 특히 복잡해서 주의해야 하거나 생략된 부분도 체크해두자.
- 저자의 접근법: 저자의 목적과 방법론에 대해서 알아낸 내용과 그에 관한 아이디어를 적어두자. 그 목적과 방법론이 적절한지 독자의 시선으로 평가해보자.
- 저자의 결론: 저자의 결론과 여러분의 결론을 함께 적어두고, 4단계 '결론 파악하기'에서 나온 내용에 더 포함시킬 것이 없는지 확인하자.
- 마지막으로, 글의 요점을 학습에 적용할 방안을 생각해보자.

완벽 숙지를 위한 읽기:
내용을 자기 것으로 만들기

〈완벽 숙지를 위한 읽기〉는 〈요약하며 읽기〉에 기초해서 내용에 좀 더 깊이 파고드는 독서 전략이다. 이 전략은 글을 마스터해서 그 내용을 완전히 자기 것으로 만들어야 할 때 사용한다.

내용을 자기 것으로 만들고 나면 비로소 글의 주제에 대해 잘 안다고 자부할 수 있다. 이 단계에 이르면 저자의 사고 과정과 방법론을 정확하게 설명하고 그 강점과 약점을 짚어낼 수 있다. 그리고 저자가 사용하는 학술어를 완벽하게 구사하고 일상 언어로 번역할 수도 있게 된다. 이 단계에 도달하려면 책이나 논문을 도서관에서 빌려서 읽기보다는 따로 한 권 사는 편이 좋다(거의 필수적이다). 책을 읽으면서 본문에 밑줄을 그어야 하기 때문이다. 책을 따로 구할 수 없어 밑줄을 긋지 못할 상황이라면 나중에 쉽게 지울 수 있도록 부드러운 연필(2B 정도)을 사용하면 된다. 본문에 밑줄을 긋기만 해도 내용을 자기 것으로 만드는 데 의외로 큰 도움이 된다.

〈완벽 숙지를 위한 읽기〉에서 할 일은 다음과 같다.

- 〈요약하며 읽기〉의 전략을 먼저 적용하여 읽어본다.
- 글 읽는 행위에 익숙해지도록 노력해야 한다. 글을 많이 읽을수록 읽는 행위에 대한 두려움이 사라진다. 읽는 훈련을 계속하면 어떤 책 어떤 페이지나 펼쳐도 핵심 단어나 그래프, 그림, 표 등을 한눈에 알아볼 수 있게 된다.
- 각 장의 제목뿐 아니라 부제나 절의 제목까지 포함된 목차가 있다면 그 부분을 활용하면 된다. 없다면 스스로라도 만들어야 한다. '나만의 목차'를 만들어서 읽기 쉬울 것 같은 장들을 미리 표시해놓자. 여전히 이해가 필요한 장들은 따로 모아서 난이도에 따라 우선순위를 매긴 뒤 어떤 순서로 읽을지 결정한다.
- 우선순위가 가장 높은 장부터 읽기 시작하자. 건너뛸 부분(세부 설명, 용례, 부수적 주제, 저자의 개인적 경험, 다른 저자나 연구에 대한 논의)은 꺾쇠(〈 〉)나 괄호(〔 〕)로 묶어놓고 나중에 읽자.
- 여기까지 마쳤다면 이제 진정 〈완벽 숙지를 위한 읽기〉에 해당하는 과정으로 넘어갈 때다. 앞에서 꺾쇠로 묶은 나머지 부분을 읽을 때 이해되는가? 문장이 너무 길고 복잡하면 두세 문장으로 나누는 것이 좋다. 문장이 짧을수록 이해하기 쉽고 논리가 한눈에 들어오기 때문이

다. 그런 다음에는 각 문장을 다른 말로 '바꿔 쓰기paraphrase' 해보
자. '바꿔 쓰기'는 학술어로 쓰인 문장을 자신의 것으로 만들기 위해
다른 용어나 일상 언어로 바꾸는 과정이다. 내용을 자기 것으로 만들
려면 불분명한 부분이 없어야 한다. 의미가 불분명한 단어나 표현을
바꿔 쓰기로 명확하게 이해할 수 있다.

여러분이 읽는 글은 일종의 외국어, 즉 학술어로 쓰여 있다.
따라서 글을 읽을 때 자신만의 '미니 사전'이나 참고 자료집을
만드는 것도 좋은 방법이다.

잘 이해되지 않는 단어나 표현, 문장이나 그래프는 그 의미를
이해할 수 있는 방식으로 풀어내보자. 다른 책을 참고하거나, 그림
과 도표를 그리거나 교수님의 도움을 받을 수도 있다. 뜻이 명확해
지면 구체적인 용례와 함께 카드에 적어서 묶음 클립으로 함께 철
한다. 이제 여러분은 《나만의 미니 사전》의 저자가 된 것이다.
미니 사전을 만든 뒤에도 같은 단어가 다른 의미로 쓰이는 경
우에 주의해야 한다. 특히 같은 단어라도 분야에 따라 정의가 다를
수 있다. 이럴 때는 분야별로 다른 정의 또한 미니 사전에 포함시켜
야 한다. 물론 어느 분야에서 어떻게 정의되는지 표시해야 한다. 책
을 읽으면서 모르는 개념이나 이론이 나올 때마다 의미를 찾아서
책 제목, 페이지 번호와 함께 미니 사전에 적어 두자.
가장 좋은 방법은 미니 사전 단계에서 한 걸음 더 나아가 자신

만의 수업 매뉴얼(이른바 '족보'라고 하는)을 만드는 것이다. 수업 매뉴얼이란 앞서 만든 미니 사전과 함께 강의 노트, 유인물, 수업에서 다룬 문제와 용례, 기출 문제, 참고 자료 목록과 에세이 주제 등 수업에 관한 모든 것이 합쳐진 자료다.

수업에 따라서는 미니 사전에 포함시켜야 할 항목이 다양할 수도 있다. 예를 들어 경제학 수업을 들을 때는 미니 사전에 경제학에서 사용되는 학술어, 일상 언어 풀이, 도표, 수식 등이 모두 들어가야 한다.

- 이제 책의 나머지 부분을 찬찬히 읽어보자. 아직도 이해가 덜 된 부분들이 글의 곳곳에 작은 섬처럼 남아 있을 것이다. 이제 중요한 내용은 대부분 여러분의 것이 되었으므로 자세히 읽으면서 이 작은 섬들을 하나하나 없애가자.

- 자료를 읽을 때는 항상 다른 자료와 비교 검토해야 한다. 예를 들어 미니 사전에 담긴 단어나 개념, 이론들은 항상 다른 책, 수업 내용과 비교하자. 이것의 또 다른 목적은 이미 알고 있는 내용을 확실히 굳히는 것이다. 이렇게 함으로써 지식을 넓히는 동시에 수업 매뉴얼에 어떤 내용을 추가해야 할지 알 수 있다. 지식은 단순히 받아들이기보다 다른 지식과 비교 검토할 때 폭넓고 깊게 이해하고 오랫동안 기억할 수 있다. 비교 검토가 습관이 된 사람은 주제에 통달하는 것은 물론 단순히 저자의 말을 인용하거나 바꿔 쓰는 단계에서 벗어나 자기만의 언어로 생각을 자유자재로 표현하는 단계까지 발전할 수 있다.

03

목표 내용 찾으며 읽기

목표 내용 찾으며
읽기의 원리

대학에서는 항상 과제 제출과 발표의 마감 시간에 쫓긴다. 따라서 촉박한 시간 안에 (1)특정 주제에 관련된 자료를 찾아서 (2)빠른 시간 내에 내용을 파악하고 (3)생각을 정리한 뒤 (4)논리성과 설득력과 흥미를 모두 갖춘 에세이나 발표 자료를 만들어내야 한다. 바로 이 어려운 과정 때문에 〈목표 내용 찾으며 읽기〉전략이 필요하다.

〈목표 내용 찾으며 읽기〉는 '핵심 용어 찾아내기'와 '참고 자료를 빠른 속도로 읽기'의 두 가지 요소로 이루어진다. 〈목표 내용 찾으며 읽기〉의 기본 원리는 연관성 있는 부분을 찾아 선택적으로 읽는 것이다. 여기서 더 중요한 것은 '연관성' 임을 잊지 말자!

글을 구구절절 쫓아가며 읽을 필요는 절대로(되풀이해서 말하지만 절대로!) 없다. 핵심 용어를 염두에 두고 참고 자료를 살펴서 핵심 용어를 포함한 자료만 골라내자. 이 과정으로 에세이에 어떤 자료가 필요한지 일차적으로 파악할 수 있다.

여러분이 읽으려는 책은 여러분이나 여러분의 과제만을 위해 쓰이지 않았다. 따라서 저자가 특정 방식에 따라 자신의 사고를 표현했다고 해서 그 방식을 그대로 따를 필요는 없다. 대신 일종의 보물찾기를 하듯 읽어보자. 이 보물찾기에서 여러분이 찾을 보물에 해당하는 것은 써야 할 에세이에 관련된 내용이다.

다행히도 인간의 뇌는 보물찾기 놀이에 흥미를 갖도록 만들어져 있다. 반대로 산더미 같은 읽을거리를 무작정 읽으라는 것만큼 뇌를 혹사시키는 일도 없을 것이다. 읽어야 할 책은 많은데 딴 생각을 하느라 시간만 자꾸 흘러갔던 경험이 있을 것이다. 이 경우 여러분은 십중팔구 연관성을 전혀 고려하지 않고 어떤 내용을 찾을지 분명한 목적도 없이 기계적으로 책장을 넘겼을 것이다. 당연히 딴 생각이 자꾸 떠오를 수밖에 없다. 그런데 이 딴 생각이야말로 인간의 뇌가 과열을 방지하려는 호소라고 할 수 있다. 두뇌가 "이건 나를 혹사시키는 짓이야! 당장 그만둬!"라고 메시지를 보내는 것이다.

정신을 차리고 두뇌가 보내는 메시지에 귀를 기울이자! 읽는 행위가 단순노동으로 전락했다는 느낌이 드는 순간 읽기를 멈추고 "무엇 때문에 이 책을 읽는가?"라는 질문을 스스로에게 던져보라.

읽기의 목적을 다시 상기하는 것이다.

　마지막으로 이 책의 구성에 대해 잠시 언급하자. 이 책에서는 책을 쉽게 읽고 필요한 내용을 빨리 찾을 수 있도록 읽기와 쓰기에 관한 내용을 분리하였다. 책의 전반부는 읽기에, 후반부는 쓰기에 관한 내용이다. 하지만 이 책의 구성을 그대로 따를 필요는 없다. 때로는 필요한 자료를 먼저 다 읽고 나서 쓰기에만 집중하는 것이 더 좋을 수도 있다. 필요한 내용을 머릿속에 모두 집어넣고 시작하는 셈이기 때문이다. 그런 다음 그 내용을 종이에 옮기기만 하면 된다. 반면 에세이를 일단 쓰기 시작한 뒤 다른 자료를 찾아보면서 새 아이디어를 얻는 것이 좋을 때도 많다. 무엇인가를 쓰면서 기존 아이디어를 정리하다보면 종종 새 아이디어가 떠오를 때도 있으니까. 이것이 '생각한 뒤 쓰기'와는 대비되는 '쓰면서 생각하기' 방법이다. 여기에 대해서는 책 뒷부분에서 자세히 알아보자.

　'쓰면서 생각하는' 스타일이라면 읽기와 쓰기 사이를 오가며 에세이를 써나가도 문제가 없을 것이다. 예를 들어, 자료를 읽기 전에 미리 에세이의 대략적 개요를 세운 뒤 자료를 읽으면서 그 개요를 수정하고 재구성하는 것이다. 심지어 아무것도 읽지 않고 일단 글쓰기를 시작한 뒤 부족한 부분은 자료를 읽으면서 보충하는 방법도 있다. 절대적으로 옳은 방법이란 없다. 여러 가지 방법 중 가장 편하고 스타일과 과제에 맞는 방법을 골라 사용하자.

핵심 용어를
찾아내자

독서는 일종의 보물찾기라고 앞서 말했다. 보물을 찾기 전에 먼저 어떤 보물을 찾을지, 즉 어떤 내용을 찾으며 읽을지 생각해보자. 그러기 위해서는 여러분이 선택한 주제 또는 교수님이 제시한 에세이 주제를 단서로 활용할 수 있다. 에세이를 써본 경험이 있다면 주제가 어떤 형태를 띠는지 대략이나마 알 것이다. 여러 가지 유형의 에세이 주제를 다음과 같이 정리해보자.

- 질문형: 물음표(?)로 끝나는 유형
- 서술형: 인용 부호(" ") 속의 명제나 주장에 대해 "논하라" 또는 "비판적으로 논하라" "~라는 관점에서 논하라" "~에 대해 동의하는가?"라고 지시하거나 질문하는 유형
- 주제 제시형: 단지 "~에 관한 자신의 생각을 써보라"고만 지시하는

유형

- 과제형: "~에 관해 서술하라" "~를 밝혀라" "~와 ~를 비교 대조하라" "~에 관해 상세하게 설명하라" "~에 대해 비판적으로 논평하라" 등 과제가 주어지는 유형
- 문제풀이형: 주어진 자료로 추론과정을 통해 해법을 제시해야 하는 유형

주제 제시형을 처음 접할 때는 무엇을 해야 할지 얼른 와 닿지 않을 것이다. 질문형이나 서술형도 마찬가지다. 그때는 주제로 주어진 문장의 핵심 용어를 먼저 찾아내야 한다. 핵심 용어가 무엇인지 어떻게 알 수 있을까? 여기 도움이 될 만한 기준이 있다. 주어진 주제 문장을 이루는 단어 중에서 다음 기준에 해당하는 것을 찾아보자.

- 수업에서 관련 주제에 대해 특별히 중요하게 다루었던 용어나 표현
- 주제에서 다루어지는 현상(역사적 사실과 현재 상황을 포함해서)과 쟁점
- 주제에서 직·간접적으로 언급하는 체제, 구조, 관계(특히 인과관계), 경과 등
- 분류 항목(카테고리)
- 이론이나 명제, 개념
- 기타 앞의 항목들에 포함되지 않는 전문용어(예를 들어 주제가 법과 관련된 경우 법조문이나 판례)

또 주제와 관련해서 책에서 다루지 않은 다른 핵심 용어가 있는지 살펴봐야 한다. 책에는 나오지 않았지만 수업에서 중요하게 다룬 저자나 개념이 있을 수도 있다. 따라서 책뿐 아니라 필기와 유인물도 꼭 확인하자.

마지막으로 기출 문제를 살펴볼 차례다. 혹시 빠뜨린 핵심 용어가 없는지 잘 찾아봐야 한다. 기출 문제에 낯선 용어가 등장한다면 당연히 그 뜻을 찾아서 확인해야 한다.

자, 이제 여러분이 만든 핵심 용어 목록을 보자. 자료들을 유심히 살피면서 지금까지의 과정을 잘 따라왔다면 교재의 목차나 필기에 있는 용어들은 대부분 핵심 용어 목록에 들어 있을 것이다. 이것들이 바로 수업 전체의 핵심 용어이자 좋은 에세이 주제다.

목록은 간단하고 센스 있게 만들수록 좋다. 자주 등장하는 핵심 용어는 한눈에 들어오는 목록으로 따로 관리하고, 중요도가 떨어지는 나머지는 뒤쪽에 몰아놓는 것도 좋은 방법이다. 너무 막연하면 나중에 혼란스러울 수 있으므로 가능한 구체적인 용어로 적어 놓자.

우리가 찾는 '보물'인 '글의 핵심'은 바로 이 용어들로 이루어져 있다. 이제 핵심 용어 목록을 만들었으니 보물은 눈앞에 보이는 것이나 마찬가지다!

참고문헌 목록은 이렇게 활용하자

우선 39쪽의 〈너무나 많은 참고문헌, 다 읽어야 할까?〉 부분을 읽은 사람이라면 참고문헌 목록이 길어도 겁낼 필요 없이 필요한 부분만 찾아 읽으면 된다는 사실을 깨달았을 것이다.

이런 참고문헌 목록을 활용하려면 어떻게 해야 할까? 일단 한눈에 들어오는 정보부터 얻어내자. 목록 자체에서 정보를 얼마나 많이 찾을 수 있는가? 다음 질문에 모두 "예"라고 대답할 수 있을 때까지 참고문헌 목록을 잘 살펴보자.

- 여러분이 다니는 대학교의 '필수 도서' '권장 도서'로 분류된 책이 있는가?
- "○페이지에서 x페이지까지" 하는 식으로 범위가 지정돼 있는가?
- 참고문헌 목록에 발행 연도가 나와 있는가?
- 여러 저자가 공저한 책(이런 책은 저자보다는 편자 위주로 언급되는 것이 보통이다)이라면 어느 저자가 쓴 부분이 수업 주제와 더 밀접하게 연관되는가?

앞서 42쪽의 '필수 자료부터, 최신 자료부터'라는 독서의 순서를 기억할 것이다. 최신 자료에는 지금까지의 연구에 대한 개관과 최근의 참고 자료 목록이 있기 때문이다.

도서관에서 찾는 책이 없다고 해도 바로 포기하지 말자. 주변을 살펴보면 주제나 내용이 비슷한 책이 있을 것이다(도서관에서는 특정 분야의 책들을 같은 서가에 가나다순으로 꽂아 둔다). 그 책들을 가능한 많이 빌려와서 찾는 내용이 있는지 살펴보자. 그렇다고 책을 '싹쓸이'해서 다른 사람을 불편하게 만드는 '비매너'는 저지르지 않도록 주의!

책 훑어보기에도
방법이 있다

지금까지 우리는 책을 읽을 때 전체를 완독하려는 욕심을 버리고 필요한 부분에만 집중한다는 원칙을 세웠다. 바로 앞 장에서는 핵심 용어를 찾는 방법을 배웠다. 따라서 이제는 핵심 용어와 관련된 내용이라는 분명한 기준이 생긴 셈이다. 여기에서 다룰 〈책 훑어보기〉는 책의 어느 부분이 핵심 용어와 관련되어 있는지 찾아내는 과정이다.

우선 우리가 주로 다룰 '책'은 한 명 또는 두 명의 저자가 하나의 주제에 관해서 쓴 책이다. 물론 저자 여러 명이 제각기 쓴 글을 모아 놓은 '공저'도 있다. 그러나 공저 속의 각 장들은 신문이나 잡지의 기사들처럼 따로 떼어서 생각해야 할 경우가 많다. 그러므로 이 책에서는 이 공저에 대해 간단히 다루고 넘어가겠다.

몇 가지 도구를 활용해보자. 우선 준비물은 A4 용지 몇 장과 되도록 많은 다양한 색깔의 포스트잇이다. 가장 편리한 크기는 8cm×8cm 규격이다. 이 규격은 문구점에서 쉽게 구할 수 있고 색깔도 다양해서 항목별로 분류하기에 좋다. 지금부터 할 일은 이 포스트잇을 책갈피 겸 메모종이로 활용하는 것이다. 아래 표 5에 나타난 책 훑어보기의 7단계를 살펴보자.

표 5 책 훑어보기의 7단계

단계	단계별 과제
1단계	핵심 용어 한 번 더 확인하기
2단계	목차 훑어보기
3단계	색인 훑어보기
4단계	책갈피 추가하기
5단계	책 전체 훑어보기
6단계	가장 중요한 부분 복사하기 (필수 단계는 아니지만 하면 좋음)
7단계	결과 정리하고 활용하기

1단계: 핵심 용어 한 번 더 확인하기

책 훑어보기의 첫 단계에서는 전 단계에서 찾아낸 핵심 용어들을 커다란 종이에 따로 적어놓자. 눈에 잘 띄는 색깔로 쓰면 더 좋다. 그 목록을 손가락으로 짚으면서 소리 내어 다섯 번 정도 읽자. 이상하게 보일 수도 있겠지만 굳이 이렇게 하는 이유는 찾으려는 내용을 머릿속에 확실하게 각인시키기 위해서다. 영화에서 탈옥한 죄수를 추격할 때 수색견에게 죄수가 입던 옷가지의 냄새를 맡게 하는 장면을 본 적이 있을 것이다. 이 단계는 바로 찾을 내용을 '냄새 맡는' 과정이다.

이제 각 장의 제목이 나와 있는 목차를 펼쳐보자. 각 장의 제목에서 우리가 찾아낸 핵심 용어가 눈에 들어오는지 훑어보자. 눈에 띄는 제목이 있다면 순서를 무시하고 바로 그 장을 펼치자. 그 장의 첫 페이지에 포스트잇의 끄트머리가 책 바깥으로 삐져 나가게 붙이는 것이다. 주의! 아직은 내용을 읽을 때가 아니다. 책을 펼친 이상 습관적으로 본문 내용에 눈이 가겠지만 일단은 다음 단계로 넘어가자.

목차를 훑어보고 나면 책 마지막의 색인 부분으로 가자. 검지로 색인의 각 항목을 짚으면서 눈은 손가락을 좇아가게 내버려두자. 이런 용도 때문에 검지를 영어로 색인index 손가락이라고 부른다. 여기서 각 항목을 실제로 '읽으려고' 해서는 안 된다. 항목들을 하나하나 읽으면 거기에 몰입돼 속도가 느려진다. 이럴 때는 손가락을 좀 더 빨리 움직이면서 눈도 빠른 속도로 따라가게 하자. 단어 하나하나에서 눈을 떼지 못하겠으면 잠시 눈을 쉬어도 좋다. 1단계에서 핵심 단어의 '냄새'를 잘 맡아두었다면 핵심 단어가 등장했을 때 자동으로 눈과 손이 멈출 것이다. 1단계의 효과가 발휘되는 순간이다(나중에 해당 분야에 익숙해지면 책을 펴는 순간 찾는 단어뿐 아니라 문장이나 표현까지 눈에 확 들어오는 '내공'이 쌓이기도 한다-역자 주).

이렇게 색인에서 핵심 용어가 등장하면 아까 만들어둔 핵심 용어 목록을 꺼내 몇 페이지(또는 몇 페이지부터 몇 페이지까지)에 나오는 용어인지 메모해두자. 그런 다음 또 눈에 들어오는 핵심 용어가 없나 계속 진행해야 한다. 다시 한 번 말하지만, 한 곳에 오래 머무르지 말고 메모만 한 뒤 다음 용어를 계속 찾아야 한다. 이 모든 과정을 3~4분 정도에 마무리해야 하기 때문이다.

3단계에서 색인을 훑어볼 때 메모해둔 페이지를 찾아서 여기에도 포스트잇을 붙이자. 찾은 내용이 왼쪽 페이지(일반 책의 짝수 페이지)에 있을 때는 오른쪽 페이지(홀수 페이지)에 포스트잇을 붙여야 한다. 왼쪽 페이지에 붙일 경우 책을 넘기다가 포스트잇이 떨어질 염려가 있기 때문이다. 2단계에서와 마찬가지로 포스트잇의 끄트머리가 책 바깥으로 삐져나가도록 붙이면 된다.

이제 다시 핵심 용어 목록을 손가락으로 짚으면서 소리 내어 읽자. 짐작했겠지만 핵심 용어를 머릿속에 다시 각인시키기 위해서다. 그러고 나면 드디어 책 전체를 훑어볼 차례다. 책을 덮고 내용이 시작되는 첫 페이지를 펼쳐보자. 보통 첫 페이지는 머리말이나 도입부, 책 소개 아니면 바로 1장인 경우가 많다. 우리가 할 일은 3단계에서 색인으로 그랬듯 본문 내용을 손가락으로 짚으면서 빠르게 읽는 것이다. 이전 단계에서 했던 것처럼 빠른 속도로 내용에는 신경 쓰지 않으면서 눈에 띄는 핵심 용어만을 찾자. 이렇게 하면 한 페이지를 읽는 데 30초도 걸리지 않는다.

여기서 쉬어가는 셈치고 간편한 눈의 피로 측정법을 알아보자. 책 가운데 접힌 부분을 주시했을 때 왼쪽 페이지 문장들의 오른쪽 끝단과 오른쪽 페이지 문장들의 왼쪽 끝단이 수직선 두 개로 깔끔하게 보인다면 아직 눈이 피로하지 않은 상태다. 눈과 관련된 이야기를 하나 더 알아보자. 만약 핵심 용어가 줄 첫 부분이나 마지막에 위치한다면 놓치기 쉽지 않을까? 그것도 걱정할 필요가 없다! 사람의 시각은 시선 가운데에서 벗어난 대상까지도 무의식중에 파악해서 뇌에 전달한다. 그러므로 핵심 용어가 어쨌든 시야에 들어오기만 하면 자동으로 그 위치로 눈이 가게 된다.

다시 원래 과정으로 돌아가자. 여태까지 쭉 해왔던 것처럼 핵심 용어가 눈에 들어오면 바로 포스트잇을 붙이는 것이다. 그냥 붙이는 게 아니라 페이지 번호와 간단한 내용 정리를 적어두자. 페이지를 펼쳤더니 아까 4단계 '책갈피 추가하기'에서 붙였던 포스트잇(아마 비어 있을 것이다)이 있을 때도 있는데, 이때는 따로 붙일 것 없이 이미 붙어 있는 포스트잇에 적으면 된다.

지금까지 제대로 따라오고 있다면 250페이지짜리 책은 아마 15분 이내에 훑어볼 수 있을 것이다. 책 한 권 읽는 데 15분이라면 너무 짧지 않을까? 명심하자. 우리는 책을 '읽는' 것이 아니라 '훑어보고' 있다. 이런 의미에서 15분이면 이미 충분하다.

이제 읽어야 할 다른 참고문헌에도 1~5단계 방법을 적용해보자. 앞서 다양한 색깔의 포스트잇을 준비하라고 한 이유는 책마다 다른 색깔을 이용하면 한눈에 구분되기 때문이다. 부수적으로 "이 학생은 공부를 열심히 하는구나"라는 인상을 교수님과 다른 학생들에게 줄 수도 있다. 나중에 이렇게 미리 내용을 훑어본 책으로 에세이를 쓸 때가 되면 여기서 준비한 것들이 한결 든든하고 마음 편하게 느껴질 것이다.

자, 이제 여러분의 책에는 내용 알찬 포스트잇이 가득 붙어 있을 것이다. 포스트잇이 붙은 페이지와, 혹시 붙지 않았더라도 내용 완결에 필요한 페이지를 한데 모아 복사하자. 잠깐! 복사하기 전에 포스트잇이 내용을 가리지 않게 잠시 떼어냈다가 복사 후에 다시 붙이자. 떼어낸 포스트잇은 원래 위치에 잘 붙여야 나중에 어디에 붙어 있던 포스트잇인지 헷갈리는 사태를 피할 수 있다. 부지런한 학생이라면 포스트잇에 페이지 번호를 조그맣게 적어 놓아도 좋다.

책 훑어보기의 마지막 단계는 결과를 정리해서 에세이 쓰기에 적용하는 것이다. 시간을 조금 더 투자할 수 있다면 에세이의 주제가 될 부분을 좀 더 들여다보고 글을 어떻게 구성해나갈지 머릿속에 그려 보는 것도 좋다(다음 두 장에 걸쳐서 여기에 대해 자세히 다룰 것이다). 이렇게 하면 책의 어느 부분이 에세이 작성과 긴밀하게 연관되어 있는지 좀 더 명확하게 판단될 것이다.

책을 도서관에 반납해야 한다면 첫 페이지로 돌아가서 지금까지 붙인 포스트잇을 하나씩 떼어내자. 페이지를 넘기면서 포스트잇이 나올 때마다 핵심 용어가 담긴 단락을 얼른 읽어보면서 과제와 관련 있는지 또는 따로 메모할 내용이 있는지 살펴보자. 다음 내용으로 넘어가는 연결고리 노릇만 하거나 다른 곳의 내용을 반복하는 단락도 있는데 이 경우에는 그냥 포스트잇을 떼어내고 다음 페이지로 넘어가면 된다.

다시 페이지를 넘기다가 중요한 내용이 나오면 그때그때 메모해두자. 앞서 말한 '미니 사전'이나 '수업 매뉴얼'을 만들어두었다면 거기에도 그때그때 내용을 추가해놓자. 다른 포스트잇이나 종이에 적어서 끼워 넣는 방법도 있다. 요즘에는 수업 관련 자료나 필기를 컴퓨터 파일로 깔끔하게 정리하는 학생이 많은데, 좋은 방법이다. 포스트잇을 떼기 전에는 원래 붙어 있던 페이지 번호가 적혀 있는지 꼭 확인하자! 이렇게 지금까지의 노력이 담긴 포스트잇을 정성스럽게 모두 떼어내자.

이제 지금까지 쓴 포스트잇들을 활용할 때다. 우선 큰 종이한 장에 포스트잇을 모두 붙이자. 자, 붙였다 떼었다 할 수 있는 포스트잇의 진가가 드러나는 순간이다. 포스트잇들을 관련된 것끼리 모아 붙여보자. 같은 그룹의 포스트잇끼리도 논리의 흐름에 따라 배열하는 것이 좋다. 이 종이를 벽에다 붙여놓고 주제와 관련된 다른 책을 읽을 때 나오는 포스트잇들을 추가하자. 센스를 발휘해서 책에 따라 색깔을 달리하면 나중에 찾아보기도 쉽고 눈도 즐거울 것이다. 이렇게 배열을 마치고 나면 관련된 포스트잇 그룹 사이에 선을 그어 표시한다.

이렇게 하는 이유는 우리의 사고가 논리의 흐름에 익숙해지도록 만들기 위해서다. 포스트잇을 여기저기 옮겨 붙이는 과정이 얼핏 보면 별 것 아닌 것처럼 느껴지겠지만 그렇게 하면서 자료의 각 부분이 어느 부분과 연결되는지, 어떤 논리의 흐름을 따르는지 파악할 수 있다. 이렇게 읽은 내용은 머릿속에 더 오래 남는다.

빌린 책이 아니라 본인 책이라면 굳이 포스트잇을 떼어낼 필요는 없다. 하지만 에세이 초안을 짤 때 어느 내용이 어디쯤 있는지 한 번에 펼칠 수 있을 정도로 훤히 알아야 한다.

이제 책 훑어보기 과정이 모두 끝났다. 다른 자료가 있다면 그것도 같은 방법으로 훑어보고 포스트잇으로 수업 매뉴얼에 추가하자.

짧은 글을 훑어볼 때는

학회지에 실린 논문이나 여러 저자가 공저한 책의 한 챕터일 경우 저자가 한 명(또는 두 명)인 책과는 조금 다른 방식으로 훑어봐야 한다. 이런 종류의 글에는 목차나 색인이 따로 없는 경우가 많기 때문이다. 따라서 자신만의 목차와 색인을 만들면서 읽는 것이 좋다.

우선 본문을 빠르게 읽으면서 각 단락의 제목을 목차로 정리하자. 이렇게 하면 글이 어떻게 구성되어 있는지 한눈에 들어온다. 이것만으로도 독서와 글쓰기를 훨씬 체계적으로 할 수 있다. 그 다음부터는 저자가 한 명(또는 두 명)인 책을 읽을 때와 같다.

앞서도 설명했지만 핵심 용어가 어디에 나오는지 주의하면서 글을 읽어야 한다. 마찬가지로 글 내용에 너무 빠져들지 않게 빠른 속도로 손가락으로 짚으면서 읽자.

에세이를 돋보이게 하려면
한 가지 이상의 정의나 서술을 제시한 뒤
차이점을 지적하는 것이 좋다.

다른 사람의 글을 인용할 때는
인용의 목적과 효과를 고려해야 한다.
왜 그 부분을 인용하려는지, 인용할 구절이 글에
어떤 효과를 더할지 먼저 생각해보는 것이다.

04

에세이를 써보자

교수님은
어떤 에세이를 원할까?

지금까지 얻은 결과를 에세이 쓰기에 적용하기에 앞서 교수님이 어떤 에세이를 원하는지 감을 잡아야 한다. 아무리 잘 쓴 에세이라도 교수님이 원하는 글이 아니라면 좋은 점수를 받기 힘들 것이다. 구체적으로 다음의 세 가지 질문으로 정리할 수 있다.

- 어떤 유형의 에세이를 써야 할까?
- 어떤 사고방식을 따라야 할까?
- 어떤 스타일로 써야 할까?

에세이의 유형

앞서 참고문헌을 유형별로 나누어 살펴보았던 것을 기억할 것이다. 참고문헌과 마찬가지로 우리가 쓸 에세이에도 유형이 있다. 다음

표 6에는 에세이의 여러 유형이 각 주제에 자주 나오는 표현이나 문장과 함께 정리되어 있다. 어딘지 모르게 익숙하지 않은가? 이와 비슷한 표 4를 예전에 이미 다루었기 때문이다(잘 생각나지 않으면 지금 바로 55쪽으로 돌아가서 확인해도 좋다). 에세이 과제나 기출 문제에 자주 등장하는 지시문의 예도 주제별로 나누어놓았다.

표 6 에세이의 유형과 지시문의 예

유형	지시문의 예
기본 유형 (정의 또는 서술하기)	• ~를 정의하라. • ~란 무엇인가? • ~의 의미는 무엇인가? · ~를 어떻게 해석할 수 있는가? • ~에 관하여 서술하라. • ~의 기본 원리를 서술하라. • ~의 주요 내용은 무엇인가? • ~와 ~를 비교(또는 대조)하라. • ~에 사용된 방법론을 밝혀라. • ~에 관하여 설명하라.
의문과 해답	• 어떤 사건이나 상황이 왜 발생하였는가? • ~의 이유는 무엇인가? • ~에 관하여 설명하라. • 어떤 요인이 어떤 사건에 어느 정도로 영향을 미치는가? • "~의 원인은 ~이다"라는 주장에 관하여 논하라. • ~의 원인은 무엇인가? • ~는 어떤 과정을 거쳐서 발생하는가?

연구보고서	• 앞으로 수행할·이전에 수행한 실험에 관하여 설명하라. • ~와 같은 가설을 어떤 방법으로 검증할 것인가? • ~와 같은 실험 결과는 얼마나 신뢰성 있는가?·중요한가?
평론	• ~를 ~와 비교하여 서술하라. • ~와 ~를 어떻게 접목할 수 있을까? • ~의 근거에 관하여 평하라. • "~에 관하여 ~라는(~가 아니라는) 견해가 일반적이다." 이에 동의하는가?·이에 관하여 논하라.
이론	• 연구자 ~의 이론은 ~을 이해하는 데 어떻게 도움이 되는가? • 연구자 ~의 이론을 비판적으로 평하라. • ~에 ~의 이론을 어떻게 적용할 수 있는가? • '책이나 논문으로부터의 인용구'에 관하여 논하라·평하라. • ~라는 관점에 관하여 논하라. • ~의 기초가 되는 가설에 관하여 논하라·밝혀라·평하라.
주장	• ~라는 주장은 근거가 얼마나 설득력 있는가? • ~에 관하여 어떤 주장을 펼 수 있는가? • '주장 또는 서술 인용'에 관하여 논하라·평하라. 여기에 동의하는가? 이것이 설득력 있는 주장인가? • ~라는 관점에 관하여 논하라.

| 문제와 대처방안 | • ~에는 어떤 문제점이 있는가?
• ~와 같은 제안에 대하여 평가하라.
• ~와 같은 문제를 어떻게 해결해야 하는가?
• "~하는 것은 불가능하다"라는 의견에 동의하는가?
• ~하려면 어떤 조건이 충족되어야 하는가?
• ~에 대한 해결 방안을 보고서로 작성하라. |
| 주제 분석 | 위 지시문 중 어떤 것이라도 나올 수 있음! |

어떤 교수님들은 유형을 구체적으로 밝히지 않고 "~에 대해서 에세이를 써오라"고만 요구해서 학생들을 당황하게 만들기도 한다. 자칫하면 학생들은 교수님이 어떤 에세이를 원하는지 전혀 모르는 상태에서 시간과 노력을 낭비하게 되고, 교수님도 원하는 수준의 에세이를 얻지 못해 서로 좋을 것이 없는 상황이 될 수 있다. 실제로 이런 상황에 부딪힌다면 이제 스스로 길을 찾아보자. 표 6의 유형 중 하나를 적용시키거나 지난 학기의 과제 또는 기출 문제에서 비슷한 사례를 찾을 수 있을 것이다.

경우에 따라 차이가 있지만 보통 "~에 대해 어떻게 생각하는가?"와 같은 질문 유형의 과제가 "~에 대하여 논하라"와 같은 지시 유형의 과제보다 에세이를 쓰기에 더 좋다. '좋은' 질문이란 마치 예리한 칼과 같아서 어설픈 가설이나 알맹이 없는 주장을 단숨에 꿰뚫고 핵심에 이르기 때문이다.

어떤 학과나 어떤 교수님이라도 나름대로 사고방식이 있다. 여기서 사고방식이란 어떤 사람의 말과 행동, 글에 나타나는 지식, 호불호의 갈림 등을 말한다. 이렇게 볼 때 교수님이 원하는 에세이란 당연히 그 교수님의 사고방식에 부합하는 에세이다. 교수님의 사고방식에 부합하는 에세이를 쓰려면 여러분의 사고를 표현하되 그 과정에서 최대한 교수님의 언어와 가까운 학술어를 사용해야 한다. 따라서 교수님이 원하는 에세이를 쓰려면 교수님의 사고방식을 반드시 이해해야 한다.

사고방식 이해는 방법만 알면 생각만큼 어렵지 않다. 심지어 여기저기 숨어 있는 증거를 찾아나가는 탐정 수사처럼 재미있기까지 하다. 그 증거란 교수님의 강의와 저서에 나타나는 교수님만의 스타일과 언어다. 에세이 주제나 시험 문제의 유형에서도 교수님의 사고방식을 엿볼 수 있다. 표 7에는 대개 어떤 사고방식이 어떤 에세이 주제와 연관되는지, 그 사고방식을 어떻게 구분해야 할지 유형별로 정리했다. 평소 교수님의 말을 주의 깊게 듣고 그에 대해 다른 학생들과 이야기하는 것도 사고방식 파악에 도움이 된다.

여기에서 유의할 점이 있다. 같은 과목의 교수님들이라 할지라도 교육이나 연구에 대한 접근법이 같은 경우는 거의 없다. 따라서 전공 분야 안팎의 여러 교수님이 사용하는 다양한 접근법을 서로 비교해야 한다. 구체적으로 말하면, 교수님에 따라 다른 수업의 구조나 자주 출제하는 시험 문제의 유형, 책이나 기타 자료를 사용하는 방식을 비교해보자. 예를 들어 "이 교수님은 책에 나온 연구자 X와 어떤 점에서 견해를 함께하거나 달리할까?"와 같은 의문을 가져보는 것도 좋다. 그런 다음 여러분이 찾은 답에 대해 어떻게 생각하는지 다른 학생들과 의견을 나누어보자.

표 7 에세이 유형별 사고방식

유형	관련된 사고방식과 눈여겨볼 점들
기본 유형 (정의 또는 서술하기)	이 유형의 교수님은 학생이 알아야 할 기본 지식, 이를테면 사실관계를 다룬 자료 등을 강조하는 것이 보통이다. 가장 기본적인 원리에서 시작해서 차근차근 단계별로 수업을 진행한다. 체계적인 방식으로 사유하는 경우가 많으므로 에세이 또한 체계가 잘 잡혀야 한다.
의문과 해답	이 유형의 교수님들은 자신이 흥미롭다고 생각하는 질문들로 강의나 저서를 시작하는 경우가 많다. 그 질문들은 "~와 같은 사건이 왜 발생했는가?" 또는 "~와 같은 사건이 왜 ~와 같은 특정 시기·장소에 발생했는가?"와 같이 다양하다. 혹시 이 질문들에 "다른 시기·장소·형태로 발생하지 않고"와 같은 단서가 붙어 있는가? 그렇다면 교수님이 답을 찾아나가는 과정에 주목하자. 예를 들어 이전 사건과 상황을 언급하여 이야기를 짜 맞추는가, 아니면 어떤 요소들이 조합되었는지에 초점을 맞추는가, 그것도 아니라면 다른 연구자들의 선행 연구에 중점을 두는가? 그 방식을 에세이에 그대로 적용해야 한다. 교수님이 바라는 답이 '설득력 있는' 답인가, 아니면 '주장이 뚜렷한' 답인가? 때로는 "~와 같은 근거를 고려할 때 ~의 주장이 타당한 것으로 보인다"와 같이 이전 연구에 의거하여 견해를 제시하는 교수님도 있다. 여기서 주목할 것은 "~한 것으로 보인다"와 같은 표현이다. 여기에서 다소 위험부담을 안고서라도 비판할 만한 여지를 찾아내자.

	강의와 저서의 초점이 어떤 현상의 중간 과정 설명에 맞추어져 있는가? **강의의 목적이 단지 '설득력 있는' 설명 제공이 아니라 이론과 실제 현상이 괴리 없이 일관적임을 입증하는 것인가? 그렇다면 에세이 또한 이론에 비추어 실제 현상을 분석해야 한다.**
연구 보고서	교수님의 연구에서 조사의 목적(어떤 가설을 입증하기 위한 조사일수도 있고, 어떤 조건이 주어졌을 때 어떤 현상이 일어나는지 살펴보기 위한 조사일 수도 있다)-이론적 배경-방법론-관찰-관찰 결과-결과의 해석-중요성 도출-결론에 이르는 과정이 하나의 줄기를 따라가는 '직선형'으로 조직되어 있는지 살펴야 한다. 혹시 위 과정 중에 생략된 것이 있는가? 있다면 무엇이 생략되었는가? 또 교수님이 위의 과정 중 어디에서 결론을 위한 판단을 내리는지, 자신의 연구에 대해 어떤 비판과 근거를 제시하는지 주목하자.
평론	이 유형의 에세이를 쓸 때는 평론가들의 주장이 서로 충돌하지 않게 단순히 나열되어 있는지("~는 ~라고 말한다" "~에 따르면" "이제 ~의 의견을 살펴보자" 등), 각 주장이 논리적으로 연결되거나 유사점·차이점을 통해 절충 의견이나 결론으로 모아지는지 잘 살펴야 한다.
이론	사용되는 학술어가 어느 정도 수준이며 얼마나 많이 인용되는지에 주목해야 한다. 어떤 교수님들은 과목의 주요 문헌들이 마치 그 과목 자체인 것처럼 중요하게 다루기도 한다. 따라서 이런 과목을 들을 때는 중요한 선행 연구자들에 대해 따로 공부해야 한다. 이 유형의 시험에서는 보통 선행 연구들을 인용한 뒤 그에 대해 "논하라" 또는 "비판하라"와 같은 문제가 제시된다. 이때는 그동안 접한 문헌들을 인용하여 답해야 한다. 혹시 교수님이 실생활에서 나온, 학술적으로 다듬어지지 않은 자료를 인용하지는 않았는지 주의 깊게 확인하자. 그런 자료를 인용하지 않았다면 에세이에서도 다듬어지지 않은 자료를 제시해서는 안 된다. 특히 개인적 경험 이야기는 꺼내지도 말자.

주장	이 유형을 출제하는 교수님들은 에세이의 목적이 '다른 사람 설득하기'라고 여긴다. 그러므로 평소 강의에서 "이 강의는 ~와 같이 주장하려고 한다" 또는 "나의 주장은 ~이다"처럼 '주장' 또는 '설득'에 관련된 표현에 주의를 기울여야 한다. 어떤 수업은 특정 관점을 옹호하는 입장에서 이루어지기도 한다. 따라서 수업을 들으면서 주장의 구조와 그 근거가 되는 자료에 주목하자. 교수님이 주장의 반대 근거가 되는 자료를 어떻게 다루는가(단순히 언급하지 않고 넘어가는가)? 반대 입장을 가진 다른 연구자 입장에 어떻게 반박하는가? 교수님의 주장이 설명하지 못하는 부분이 있을 수 있는데, 최대한 교수님과 같은 학술어를 사용하는 범위 안에서 이 부분을 보완하려고 시도해야 한다.
문제와 대처방안	이 유형의 에세이를 쓸 때는 교수님이 제시된 문제에 대처하는 과정에 주목하자. "~에 대하여 어떻게 대처해야 하는가?"와 같은 질문에 대해서는 대개 대안을 제시한 뒤 그 결과와 효과를 예측하여 가치판단을 개입시키는 것이 보통이다. 앞서와 마찬가지로 교수님이 내세우는 대처 방안에 한계가 있더라도 최대한 교수님과 같은 학술어를 사용하면서 보완해야 한다.
주제 분석	에세이를 쓸 때 "주제"나 "국면" "~를 보라" "~를 고려하라"와 같은 단어와 표현에 집중하자. 평소 교수님의 수업을 부분별로 나누어서 어떤 논리적 흐름을 따라가는지 살펴본다. 논리적 흐름을 찾기 힘들다면 혹시 미술의 콜라주처럼 사실관계와 연구 결과, 인용구와 비평, 항목별 분류, 개인 의견과 일반 상식이 특별한 연결 관계없이 이어 붙은 수업인지 살펴보자. 특히 주의해야 할 것은 용어의 정의다. 특히 '주제 분석' 유형에서는 용어의 의미를 바로 제시하기보다는 빙 둘러 추상적으로 정의하는 경우가 많다. 이 유형의 에세이에서는 예를 들어 "밑 빠진 독에 물 그만 붓기: 부실 공기업 정리 정책에 관하여"와 같은 비유적 표현도 눈여겨보아야 한다. 앞의 두 유형에서처럼 교수님의 분석 방식에 오류가 있더라도 최대한 교수님과 같은 학술어를 사용하면서 그 부분을 보완해야 한다.

글쓰기 과제를 할 때는 항상 교수님들이 어떤 글쓰기 스타일을 좋아하는지 신경 써야 한다. 여기서 글쓰기 스타일이란, 글을 조직화하고 내용을 제시하는 방식을 말한다. 구체적인 예를 몇 가지 살펴보자. 어떤 교수님은 주장이 뚜렷하게 나타난 글을 선호한다. 주제에 대한 접근 방식이 독창적인 글을 선호하는 교수님이 있는가 하면 주어진 질문에 대해 추론 단계를 차근차근 밟아 해답에 이르는 '정공법' 방식을 높이 평가하는 교수님도 있다. 보통 교수님들은 에세이 과제를 내기 전에 어떤 스타일을 선호하는지 평가 기준을 별도로 제시한다. 글을 쓰기 전에 반드시 이 기준을 염두에 두어야 한다.

교수님들은 구체적으로 어떤 글쓰기 스타일을 원할까? 예를 들어 어떤 교수님이 '주장이 뚜렷하게 나타난 글'을 선호한다고 하자. 이 교수님은 학생이 일단 글의 첫 부분에서 주장을 내세운 뒤 그 주장을 뒷받침하는 자료(수치나 타인의 견해 등)를 가능한 많이 제시하기를 바랄까? 만약 그렇다면 자신의 견해와 부합하지 않는 데이터는 어떻게 다루어야 할까? 그게 아니라면 혹시 관련 자료를 꼼꼼히 다루면서 차근차근 추론 과정을 거쳐서 빈틈없는 결론에 다다르기를 바랄까? 따라서 교수님이 단순히 '주장이 뚜렷하게 나타난 에세이'를 과제로 낸다면 구체적으로 어떤 의미에서 '뚜렷한' 주장인지, 어떤 스타일을 바라는지 꼭 질문해야 한다.

여기서 교수님이 '주장'을 제시하라고 낸 에세이 주제가 "~인가?"와 같은 질문 형태라면 자칫 글의 방향이 흐트러지기 쉽다는 점을 주의해야 한다. '주장' 유형과 '의문과 해답' 유형의 에세이는 엄연히 다르다. '의문과 해답' 유형의 글은 의문점에서 시작해서 점차 해답으로 나아가는 과정을 거치는 데 비해 '주장' 유형의 글은 처음부터 답을 제시한다. 따라서 이 두 가지 유형의 글을 동시에 쓸 수는 없다.

두 가지 사이에서 갈피를 잃는 순간 에세이는 이도저도 아닌 어중간한 글이 되고 만다. 의외로 많은 학생들이 사실은 '의문과 해답' 유형인 에세이(차근차근 추론 과정을 거쳐야 하는 글)를 당당하게 '주장'으로 시작해 놓고 나서 이어서 쓸 말이 없어 막히고 만다.

학생들이 이렇게 혼란스러워 하는데도 주장하는 법을 가르쳐 주기는 고사하고, 어떤 점을 염두에 두고 주장을 펼쳐야 하는지 명확한 지침조차 없는 경우가 많다.

'논의'하는 유형의 글도 마찬가지다. 어떤 교수님이 '주장'이나 '논의'하는 글을 써오라는 과제를 낸다면, 어떤 스타일의 '주장'이나 '논의'를 바라는지 확실하게 문의해야 한다. 가장 좋은 것은 교수님이 선호하는 주장과 논의 스타일에 대해 직접 설명을 듣는 것이고, 그것이 아니라면 그 스타일로 쓰인 글을 어디서 찾을 수 있는지 질문하는 것도 좋다. 무엇보다도 평소 강의에서 교수님 자신이 주장이나 논의를 어떻게 펼치는지 눈여겨봐야 한다. 교수님이 어떤 주장과 논의의 어느 요소를 중요하게 생각하는지, 어떤 스타일의 주장과 논의를 높게 평가하는지 알아내는 것이다(동료 학생들과 의견을 교환하는 것도 좋은 방법이다).

마지막으로 어떤 사람이 선호하는 글쓰기 스타일은 무엇보다 자신의 글쓰기에 잘 나타나므로 교수님이 직접 쓴 책이나 논문을 읽어보면 도움이 많이 된다.

주제를
명확히 하려면

과제 글을 써본 사람이라면 개요를 먼저 짜면 큰 도움이 된다는 사실을 알 것이다. 그런데 개요를 짜기 전에도 먼저 해야 하는 일이 있다. 바로 글의 주제를 명확히 하는 것이다. 일반적으로 에세이의 주제는 "~는 ~인가?"와 같은 질문이나 "~는 ~이다"와 같은 서술 아니면 "~하시오"와 같은 '지시' 형태를 띤다(더 자세한 유형에 대해서는 앞서 79쪽 〈핵심 용어를 찾아내자〉 부분을 다시 읽어보자). 그런데 질문이나 서술 형태인 주제는 중간에 쓸 말이 떠오르지 않아 막히기 쉽다. 따라서 이런 글을 쓸 때 어느 부분에서 막히기 쉬운지, 어떻게 하면 술술 잘 풀릴지 당연히 알아야 한다. 다음 사항들을 확인하면서 '잘 풀리는 글'을 계획해보자.

1. 주어진 질문이나 서술 또는 형태의 의미가 명확한가?

주제가 모호하다면, 다시 말해 여러 의미로 해석될 수 있다면 그 중 하나를 선택한 뒤 왜 그렇게 해석했는지 에세이의 앞부분에 분명하게 언급해야 한다. 이때 앞의 101쪽 표 7에서 다룬 '교수님이 바라는' 에세이의 모습을 반드시 고려해야 한다. 그렇지 않으면 에세이가 처음부터 엉뚱한 방향으로 전개될 수 있다.

2. 주제로 주어진 문장 중 의미가 여러 가지거나 관용적으로 쓰이는 말 또는 비유처럼 수사학적인 표현이 사용되고 있는가? 그래서 문자 그대로 받아들이기보다는 해석을 거쳐야 하는 문장이 있는가?

만약 그렇다면 교수님께 그 정확한 뜻을 물어봐야 한다. 영어나 다른 언어로 에세이를 작성해야 하는 경우에는 가급적이면 원어민의 도움을 받아야 한다(보통 의미가 여러 가지거나 관용적으로 쓰이는 말은 원어민이 아니면 정확한 뜻을 알기 힘들기 때문이다). 일단 의미를 알고 나면 그 주제를 어떻게 해석하고 어떤 의미로 받아들였는지 글에 분명히 밝혀야 한다. 여러분이 해석하고 의미를 도출한 방식이 다른 방식과 어떻게 다른지 비교/대조하며 설명한다면 읽는 사람을 한층 분명하게 이해시킬 수 있을 것이다.

3. 주제가 "1990년 들어 ~와 같은 변화가 일어났다"처럼 역사적 사실의 서술을 포함하는가?

이 경우 이 '사실'이 정말로 '사실'인지 먼저 생각해보자. 위 예문을 보자면 "1990년 들어 변화가 실제로 일어났는가?"를 판단하는 것이다. 그런 다음 주어진 현상에 부합하거나 부합하지 않는 증거들을 어떻게 다룰지 생각해야 한다. 때로는 주제에서 제시된 사실만으로는 다른 중요한 배경을 알 수 없는 경우도 있으므로 추가로 조사할 필요가 있다.

4. 주제에 명시적 또는 암시적으로 포함된 가설이 있는가?

글에서 어떤 가설이 포함되어 있는지, 그 중 어떤 것이 믿을 만한지 먼저 판단하자. 어떤 가설은 그대로 받아들이기 전에 먼저 다른 증거로 검증해야 할 때도 있다.

5. 주제문이 "A라는 현상이 B라는 결과를 이끌어냈다"처럼 인과관계를 제시하는가?

앞의 항목과 마찬가지로 인과관계가 유효한지, 다른 증거를 바탕으로 검증해야 하는지 먼저 판단해야 한다.

6. 주제가 포괄적인 의미의 용어를 사용하거나 일반적인 사실을 서술하는가?

예컨대 제시 주제에 '사람들' '유럽' 같은 단어가 포함되었다고 하자. 이런 경우 그 단어를 쪼개어 생각할 때도 유효할지 생각해야 한다. 예를 들어 '사람들'은 남자, 여자, 아이로 구별해서 생각해보고 '유럽'은 그 범주 안의 다른 여러 나라 또는 같은 유럽에서도 지역

별 국가군(북유럽, 동유럽, EU 비가입국들 등등)을 구분하여 적용해보는 것이다. 이처럼 포괄적인 서술에 대해서는 반드시 "이 서술이 어떤 경우에라도 유효한가? 만약 그렇지 않다면 어떤 조건이나 환경이 주어졌을 때 유효하거나 유효하지 않게 되는가?"와 같은 질문을 스스로에게 던져보자.

7. 주제에 '숨겨진' 다른 질문이나 명제가 있는가?

"현상 B는 요인 A의 결과라는 주장에 대해 논의하라"와 같은 주제가 나왔다고 생각해보자. 이 문장에는 "B는 A가 아니라 다른 요인의 결과인가 아니면 A와 다른 요인들이 합쳐진 결과인가?"라는 '숨겨진' 질문이 깔려 있다. 따라서 이런 주제로 에세이를 쓸 때는 숨겨진 질문에 대비해야 한다. '숨겨진' 질문 유형에는 대개 한 가지의 경향이 있다. 바로 어떤 현상도 한 가지 요인으로 발생하지는 않는다는 것이다. 이 점을 염두에 두고 현상에 작용하는 여러 요인을 함께 고려하는 것이 좋다.

8. 주제를 보자마자 직감적으로 찬성·반대(서술 형태일 경우)나 긍정·부정(질문 형태일 경우) 쪽으로 마음이 기우는가?

그렇다고 해서 에세이에 찬성이나 반대의 이유를 "왠지 모르게 ~의 의견이 마음에 들어서"라고 쓸 수는 없다. 어떤 사고 과정을 거쳐 한쪽을 선택하게 되었는지 분명하게 밝혀야 한다. 주어진 조건이 달랐다면 선택이 달랐을지도 생각해보자.

9. 주제에서 '기능'이나 '역할' 등의 용어가 "X는 ~와 같은 기능을 수행한다"처럼 서술적 의미로 사용되는가? 아니면 "X는 ~해야 한다"처럼 규범적 의미로 사용되는가?

질문이나 명제에서 이러한 용어의 의미가 서술적인지 규범적인지 분명하지 않다면, 먼저 에세이 도입부에서 그 분명하지 않은 부분을 지적하고 분명히 정의한 뒤 논의를 전개시켜야 한다. 만약 규범적 의미로 사용된 경우라면 어떤 개인이나 집단이 내세우는 규범인지도 다루어야 한다.

10. 제시된 질문이나 명제에 가치판단(한마디로 어느 것이 좋다·나쁘다에 대한 판단)이 포함되는가?

먼저 질문이나 명제가 가치판단의 방향에 따라 다르게 해석될 수 있는지 고려해야 한다. 그리고 다른 관점이나 이해관계를 가진 사람들이 그 가치판단을 어떻게 받아들일지 생각해보자. 이런 것들은 가치판단에 관한 에세이를 쓸 때 핵심 내용이 된다.

11. 제시된 질문이나 명제가 글 쓰는 사람의 가치판단을 요구하는가?

"~와 같은 시도는 성공·실패했다"처럼 가치판단을 요구하는 주제를 다룰 때는 기준을 명확히 하자. 예를 들어 어떤 사람이나 집단의 관점에서는 그 시도가 성공인 반면 다른 관점에서는 실패일 수도 있다. 가치판단은 단순히 어떤 사건의 결과를 객관적으로 서술하는 것과는 다름을 명심하자. 여러분은 어디까지나 여러분의 입장에서

판단해야 한다.

12. 제시된 질문이나 명제에 정치·사회·경제적 맥락이 언급되는가?

이 경우 그 맥락을 주제에 언급된 것보다 더 포괄적으로 이해하는 학생이 높은 점수를 받게 마련이다. 따라서 여러분이 제시하는 맥락이 어떤 특수한 조건이나 현안 쟁점과 어떻게 연관되는지 밝혀야 한다. 에세이가 주장하는 바나 중요성을 눈에 띄게 드러내는 것도 좋은 방법이다. 평소에 신문이나 방송 등 언론매체를 주의 깊게 지켜보는 학생이 유리하다.

13. 주제에 "오늘날" "현재" "언제나" "때때로" "종종" "자주" "드물게" "현재에는" "이제까지 결코 ~않은" 등 시간이나 시기와 관련된 용어들이 사용되는가?

이 용어들은 에세이의 범위를 좁혀준다. 어느 시기의 사건을 다루어야 할지 신경 쓰자.

14. 주제에 지금까지 들은 적이 없는 용어가 나오는가?

주의! 낯선 용어를 절대로 그냥 흘려들어서는 안 된다. 교수님께 질문하거나 자료를 조사해서 꼭 그 용어에 대해 알아보자.

15. 주제에 "~할 수도 있다"처럼 가능성을 드러내는 용어가 사용되는가?

이 용어들은 실제로 벌어진 사건이나 사실보다는 잠재적 가능성을 다룬다. 이런 경우 그 주제는 "어떤 사건이 일어나지 않았다면 어떻게 되었을까?"와 같이 가상 시나리오를 다루는 것이 보통이다. 이미 소설이나 영화에서 친숙한 주제이겠지만 에세이에서는 가상 시나리오에 대해 "왜 그렇게 생각했는가"를 반드시 밝혀야 한다.

기초 에세이란?

'기초 에세이'란 과목을 이해하기 위해서 알아야 할 필수 요소—즉, 사실관계(팩트), 용어의 정의, 기본적인 연구 방법과 글쓰기 방법 등을 포함한 에세이다. 대개 강의 초반에 과목의 이해도를 높이고 기초 지식을 갖추는 데 도움이 되는 주제로 '기초 에세이'를 쓰게 된다. 따라서 수업이 어느 정도 진행된 뒤나 학기말 시험에서 기초 에세이의 주제를 다시 만나게 된다면 아마도 제시되는 복수의 주제 중 첫 번째 주제로 주어질 가능성이 높다.

기초 에세이는 대개 강의 초반에 수업의 대략적인 분위기를 파악하고 앞으로 다룰 내용에 익숙해지기 위해 쓰는 것이 보통이다. 또한 그 주제는 학기말 에세이나 시험에서 더 큰 주제의 일부분으로 제시되는 경우가 많다.
기초 에세이에서는 어떤 주제를 정의하거나 서술해야 할 때가 많다.

가장 흔한 "~를 정의하라" "~란 무엇인가?" "~의 의미는 무엇인가?" "~에 대해 서술하라" "~의 원리를 밝혀라" 등 지시나 질문 유형의 주제를 보자. 질문이나 지시에서 요구하는 것만 써도 상관은 없다. 그렇지만 에세이를 돋보이게 하려면 한 가지 이상의 정의나 서술을 제시한 뒤 차이점을 지적하는 것이 좋다. 이렇게 하면 교수님은 "이 학생은 단지 책이나 수업의 내용을 외우는 데 그치지 않고 나름대로의 관점으로 문제를 해석하고 있군!" 하고 생각할 것이다.

"~의 주요 특징은 무엇인가?"와 같은 주제도 마찬가지다. 평범한 에세이는 물어보는 특징에 대해서만 서술한다. 그렇지만 어떤 특징이 왜 '중요'한지, 왜 다른 특징보다 더 중요하고 주목할 만한지까지 다룬다면 에세이가 더욱 돋보일 것이다.

"~를 비교/대조하라"의 주제는 어떨까? 마찬가지로 지시된 것만 하면 평범한 에세이에 그칠 것이다. 먼저 대상을 비교/대조하는 기준을 명확하게 밝히자. 예를 들어 나방과 나비를 대조하는 에세이를 쓴다면 "나방은 야행성이고 나비는 주행성"이라고 쓸 수 있는데, 이 경우 대조의 기준은 '활동하는 시간대'가 될 것이다.

마지막으로 "~와 같은 연구에 사용된 방법을 개괄하라" 또는 "~에 대해 설명하라"라는 주제가 나왔을 때는 가능한 체계적으로 접근해야 한다. 예를 들어 어떤 연구에 사용된 방법을 밝혀야 한다면 단계별로 나누어 서술하고, 역사적 사실에 대해 설명해야 한다면 시간대별로 나누어 설명한 뒤 연대표 형식으로 다시 한 번 정리하는 것이다. 연대표로 굳이 다시 정리하는 이유는 "세종대왕은 이미 10년 전에 ~했기 때문에⋯⋯"처럼 역사적 사실은 이전 사건이 원인으로 작용하는 경우가 많기 때문이다.

에세이 쓰기의 방법론

에세이를 쓸 때는 어떤 방법으로 주장을 펼칠지 잘 선택해야 한다. 앞에서 언급한 '기초' 에세이(어떤 대상에 대해 정의하거나 서술하는 간단한 에세이)에서 한걸음 나아간 '진짜' 에세이를 쓰려면 생각보다 복잡하다. 자료나 방법론 또한 다양해져야 한다. 여기서 짚고 넘어갈 것이 '방법론 methodology' 이라는 용어다.

방법론이란, 연구를 수행하는 다양한 방법의 체계다. 어떤 글을 쓰든 특정한 '방법'을 따르게 마련이다. 다시 말해 방법론이 적용되지 않는 글은 없다. 방법론이라는 말을 처음 들어본 사람일지라도 글을 쓰는 자신만의 '방법'이 있다는 점에서 이미 방법론을 따르고 있다.

여기서는 '질문' 형태의 주제를 예로 들어보자. 교수님이 "히틀러는 왜 제2차 세계대전을 일으켰는가?"라는 주제로 에세이를 써오라는 과제를 냈다. 이제 무엇을 해야 할까?

첫 번째 방법은 그 시대를 다룬 역사학자들의 견해를 찾아보는 것이다. 이 경우 에세이에 자칫 자신의 생각은 없고 역사학자들의 생각만 잔뜩 들어가기 쉽다는 단점이 있다.

이전 시대부터 제2차 세계대전에 이르기까지 원인이 되는 사건들을 서술하는 방법도 있다. 이 경우 중요도에 따라 어떤 사건을 포함시키고 어떤 사건을 빼야 할지 먼저 판단해야 한다. 따라서 에세이의 주요 내용은 사건별로 중요도가 어떻게 다른지 설명하는 것이 될 것이다.

세 번째 방법으로 가상의 역사 시나리오를 꾸밀 수도 있다. 이를테면 "히틀러가 아니라 다른 사람이 독일을 통치했어도 전쟁을 일으켰을까?"라는 주제로 글을 쓰는 것이다.

네 번째로 당시 히틀러에게 어떤 선택들이 있었는지, 각각의 선택을 어떻게 고려했을지 생각해보는 방법도 있다. 즉 당시 히틀러의 사고구조와 심리를 글 속에 재현하는 것이다.

어떤 방법을 사용할지 분명히 결정하지 않은 상태에서 에세이를 쓰게 되면 어떤 일이 일어날까? 아마도 두세 가지 방법을 어중간하게 조합해서 써내려가다가 어느 순간 막히게 될 것이다. 어찌어찌 에세이를 완성해서 제출했다고 해도 잡다한 방법이 뒤섞인 글은 그다지 좋은 점수를 받기 힘들다.

자, 그럼 이렇게 다양한 방법론을 어떻게 에세이에 제대로 적용시킬까?

에세이 주제가 '질문' 유형이라면 '어떻게' 답변을 풀어나갈지 구체적으로 생각해보자. 위의 유형을 예로 들면 히틀러가 전쟁을 일으킨 이유를 '어떻게' 설명할지 생각해야 한다. 또 관련 자료에는 어떤 것들이 있는지, 그 자료의 내용을 어떻게 에세이에 담아낼지 생각해보는 것도 중요하다.

'어떻게' 설명할지 생각하는 과정은 '질문' 유형뿐 아니라 어떤 현상을 '설명'하는 에세이를 쓸 때도 중요하다. 주어진 현상과 그 주변 환경이 어떤 관계인지, 어떻게 이 관계를 설명할지 생각해야 한다.

때로는 어떤 분야의 기존 연구들을 비교해야 할 때도 있다. 이때는 비교 기준을 먼저 세워야 한다. 예를 들어 연구자의 연구 배경과 관점, 연구의 가설과 목표, 사용된 학술어, 심지어 얼마나 '유용한' 연구였는지 세세하게 설명할 수 있다. 각 연구의 공통점과 차이점에 주목하거나, 서로 관점이 다른 연구자들이 어떻게 다른 결론에 이르렀는지 그 과정을 추적하고 어느 관점을 지지할지 의견을 내세우는 방법도 있다.

어떤 교수님들은 연구 자료의 한 구절을 인용한 뒤 그에 대한 의견을 제시하는 주제를 내기도 한다. 이때도 어떤 방법론으로 의견을 제시할지 결정한 뒤 에세이를 시작해야 한다. 사용할 수 있는 방법은 다양하다. 먼저 인용된 연구의 배경, 연구자가 속한 학파와 연구 집단의 특성, 연구 기반이 되는 가설과 전제에 대해 의견을 펼칠 수 있다. 명시적·암시적으로 드러난 사고 전개에 오류가 있는지와 인용문의 출처(기존 문헌에서 인용한 자료인지, 실생활의 경험에서 지식인지, 새로 등장한 이론인지, 일반 상식인지)도 의견을 달기에 좋은 주제다. 마지막으로 가치 판단이 어느 부분에서 어떻게 이루어지고 있는지 찾는 방법도 있다. 앞서 나온 '주제 분석' 유형의 에세이가 기억나는가? 주제를 분석하는 에세이를 쓸 때는 특별히 주의를 기울이지 않으면 여러 관점들을 연관성 없이 늘어놓는 글이 되기 쉽다. 여기에 대해서는 다음 장에서 좀 더 자세히 살펴보자.

그보다 더 큰 함정은 여기 있다. '주제 분석' 유형의 주제를 내는 교수님들은 일상 회화에서나 사용될 법한 표현을 사용하는 경우가 많다. 예를 들어 가끔씩 어떠어떠한 사건이 "납득하기 힘든"이라는 서술이나 "~하면 어떤 문제가 발생하는가?"와 같은 질문에 대해 논의하라는 주제를 내기도 한다. 하지만 "납득하기 힘든"이나 "어떤 문제가 발생하는가?"와 같은 표현은 일반적인 학술 보고서에서는 찾아보기 힘들며 그 의미를 정확하게 정의하기도 힘들다. 그래서 이런 주제로 에세이를 쓰려면 주제 문장을 학술적인 글에 적합하도록 '변환'하는 중간 과정을 거쳐야 한다. 요즘에는 특히 젊은 교수님들이 일상생활의 말투나 심지어 유행어, 인터넷 용어를 수업시간에 사용하기도 하지만, 이는 어디까지나 교수님들과는 세대가 다른 학생들이 알아듣기 쉽게 하기 위해서다. 교수님이 일상적인 말투로 에세이 주제를 냈다고 해서 여러분까지 학술어가 아닌 언어를 에세이에 남발하면 논리적 구조와 정확성이 흐트러지게 된다. 그러니까 이 부분만큼은 교수님의 행동을 따라 할 필요가 없다.

에세이 개요를
만들어보자

이제 에세이 개요를 만들어보자. 이 장에서 다룰 것은 97쪽 표 6의 에세이 유형들에 모두 적용시킬 수 있는 '다목적' 에세이 개요다. 어떤 유형이라도 기본적으로는 (1)조사나 연구로 데이터와 참고문헌 등 '1차 자료'를 얻어내고 (2)그 자료를 기준에 따라 정리한 뒤 (3)여러분의 관점으로 해석하고 독창적인 결론을 얻어내는 3단계에 걸쳐 쓰인다. 이 과정이야말로 사실상 학문 연구의 모든 것이라고 할 수 있다. 학과에 상관없이 대학에 처음 발을 디딘 신입생부터 수십 년간 연구해온 교수님까지 모두 이 과정에 따라 공부하고 연구한다. 따라서 대학에서 공부하기 위해서는 반드시 여기에 익숙해져야 한다.

우선 에세이의 개요와 구조를 대강 만들어보자. 일반적으로 개요는 각 문단의 제목과 요점으로 이루어진다. 어차피 글을 쓰면서 수정이 이루어지므로 너무 자세히 짤 필요는 없다. 이 대략적인 개요의 목적은 글을 쓰기 전에 전체적인 모습을 짐작하고 어떤 내용을 넣고 뺄지 결정하는 것이다. 잘 쓰는 사람들이 에세이를 쓰는 과정을 보면, 처음에는 대략적으로 시작해 점점 자세하고 논리 정연한 개요로 발전하는 모습을 종종 볼 수 있다.

표 8에는 모든 에세이 유형에 적용 가능한 개요의 예를 단락별로 나누어 제시했다. 유형에 따라 포함되는 내용도 있고 빠지는 내용도 있다. 핵심 용어와 함께 실제로 어떻게 글을 쓸지 간단하게 메모해보자(앞서 76쪽 〈목표 내용 찾으며 읽기〉에서 핵심 용어를 정리했던 포스트잇을 다시 보자).

개요라고 해서 처음부터 너무 막연한 용어를 사용하면 글의 방향이 흐트러지기 쉽다. 짧은 문장으로 간단하게 정리하는 것은 좋지만 가능하면 정확하고 구체적인 용어를 사용하자.

표 8 다목적 에세이 개요

단락	내용
서론 (어느 글에나 있는 필수 단락)	(1) **맥락과 배경** 현안 쟁점과 이슈에 관해 언급하고 연구 동기를 밝힌다. 연관관계가 확실하다면 학술 자료나 언론 기사를 인용해도 좋다. (2) **해석** 107쪽 〈주제를 명확히 하려면〉을 참고하자. 설명이 필요한 용어를 분명히 정의하거나 어떤 질문 또는 진술의 전제를 부각시킨다. 이외에도 용어의 의미가

여러 가지 라면 어떤 의미를 택할 것인지 밝힌다.

(3) **방법론** 다음 '방법론' 단락에서 자세하게 다룰 연구 방법을 한 문장 정도로 간단하게 언급한다.

(4) 분석 대상에 관해 한 문장 정도로 간단하게 언급한다.

(5) 에세이 각 단락에서 어떤 내용을 다룰지 간단하게 언급한다. 어떤 교수님은 "~와 같은 결과가 기대된다"처럼 예상되는 결론을 서론에서 미리 간단하게 언급하는 스타일을 선호하기도 한다.

방법론
('내용 분석'처럼 실제로 연구에 사용된 방법을 제목으로 사용하자)

(1) **분석의 틀** 연구에 사용할 개념과 이론, 명제, 가설과 연구 모형, 연구 주제를 바라보는 관점, 어떤 영역의 중요도를 판단하는 기준 등이 포함된다.

(2) **데이터 처리** 대상을 분석할 때 다룰 양적·질적 데이터의 해석 도구 등을 다룬다.

(3) **비판적 질문을 통한 검증** "사실관계가 이 주장을 뒷받침하는가?" "연구자 X의 가설이 연구자 Y의 연구에서 발견된 점과 상충되지는 않는가?" "이 연구 모델이 주어진 조건에 적합한가?" "이 이론에 기반을 둔 예측이 실제 나타난 현상에 부합하는가?" 등의 질문을 던짐으로써 연구의 타당성을 검증한다.

(4) **논리성 검증** 어떤 논리의 흐름과 진술을 분석하여 모순, 비약, 편견, 잘못된 논법이 없는지 검증하는 방법이다. 어떤 연구자의 연구 결론이 실제 데이터에 기반을 두었는지, 아니면 연구 초기의 가설을 그대로 반복할 뿐인지 확인하는 방법도 사용할 수 있다.

(5) **비교와 대조** 이 방법을 사용할 때는 어떤 기준으로 비교하거나 대조할지 분명히 밝혀야 한다.

	(6) **기존 연구와 조합하기** 기존 자료의 사실관계, 의견, 가설 등과 여러분의 연구 결과를 조합해서 새로운 주장을 세우는 방법이다. (7) **평가** 대상을 평가할 때 어떤 판단 기준을 적용할지 밝힌다.
분석 대상 ('사례 연구'나 '문헌 분석'처럼 구체적인 대상을 제목으로 사용하자)	(1) 실험에서 나온 그대로의 데이터, 경험으로 얻어진 사실, 기록, 관찰 결과 등 분석 대상들을 열거한다. (2) 사례 연구나 다른 연구보고서, 다른 연구자의 추론 등을 인용하고 어느 것이 잘된 연구인지, 어떤 목적으로 인용하였는지 언급한다. (3) **관련 자료** 수업 교재와 참고문헌에 나온 관련 정보와 이론을 언급한다(법학 수업이라면 관련 법조문과 판례를 제시한다). (4) **기타 문건** 학술지 비평 등 위에서 언급한 것 외의 자료를 언급한다. 자료를 제시할 때는 긴 문단을 한꺼번에 인용하지 않는 것이 좋다. 또 자료가 본인의 연구와 어떤 연관성이 있는지 밝혀야 한다. 예를 들어 자료의 어떤 개념이 본인의 연구에 적용 가능한지, 어떤 명제를 검증하였는지, 어떤 의문점에 대답이 되는지, 해당 자료와 본인의 연구 사이에 어떤 견해 차이가 있는지 간단히 언급한다. 구체적인 분석은 뒤의 '논의점' 단락에서 다룰 것이기 때문이다.
발견점, 추론과 분석, 결과 (실제로 발견한 것들과 추론·분석 과정을 제목으로 사용하자)	(1) **발견점**이란 자료와 데이터에서 직접 찾아낸 것들을 말한다. (2) **추론**과 **분석**은 자료와 데이터에 자신의 방법론을 적용시키는 것을 말한다. (3) 이렇게 추론과 분석을 거치면 **결과**가 도출된다.

| 논의점
('논의점'이라는 제목
을 사용해도 된다) | '논의점' 단락은 여러 갈래로 나누어진 결과를 하나로 모아서 결론으로 연결시키는 구실을 한다.
(1) **결과의 유효성** 결과의 신뢰성을 보장하기 위해 어떤 방법을 사용하였는가? 결과가 모든 상황에 적용될 수 있는가? 얼마나 일반화시킬 수 있는가? 특별히 짚고 넘어가야 하는 부분이 있는가?
(2) **결과가 알려주는 점** 세 가지 방법으로 결과의 시사점을 언급할 수 있다.
　① 직접적인 중요성
　② 앞으로의 중요성: 이후의 연구에 어떻게 기여할지, 개인이나 집단의 행동에 어떤 영향을 미칠지 등
　③ 결과에 대한 본인의 판단(잘된 점이나 아쉬운 점 등)
(3) 연구를 진행하면서 접한 각 이론과 개념에 대한 의견과 비평.
(4) **연구의 한계** 어떤 진술에 대해 연구를 진행시켜 왔다면 그 진술이 어떤 조건에서 성립하고 어떤 제한 사항이 있을 때는 성립하지 않는지 언급한다. |
| 결론
('결론'이라는 제목을
사용해도 된다) | (1) 독자가 생각을 정리할 수 있도록 연구를 최대한 간략하게 요약한다. 연구 전체를 압축하려고 애쓰기보다는 가장 특징적인 부분 위주로 정리하는 것이 좋다.
(2) 에세이를 시작할 때 제기했던 질문이나 제시했던 진술, 관점을 다시 언급하며 지금까지 수행한 연구를 한두 문장으로 간단히 요약한다. |

다른 사람의 글 인용하기

다른 사람의 글을 인용할 때는 인용의 목적과 효과를 고려해야 한다. 왜 그 부분을 인용하려는지, 인용할 구절이 글에 어떤 효과를 더할지 먼저 생각해보는 것이다. 인용이란 단순히 "~에 따르면" 또는 "~는 ~라고 말했다" 하는 식으로 늘어놓는 것이 아니라 다른 사람의 글을 빌려 여러분 글의 권위와 중요성을 더하는 과정이다.

이 권위와 중요성을 고려하지 않고 그냥 다른 사람의 글을 잘라서 늘어놓은 글은 "그래서 어쨌다는 거지?"라는 인상을 주거나 심지어 "이 사람은 남의 연구결과만 늘어놓았군" 하는 생각이 들게 한다.

이렇게 '중요성'이라는 명확한 기준으로 다른 사람의 글을 인용하여 에세이를 쓰면 세 가지 효과를 거둘 수 있다.

첫째, 어느 것이 중요하고 중요하지 않은지 생각하는 과정에서 추론 능력과 비판적 사고를 기를 수 있다. 둘째, 독자(교수님)에게 글이 체계적으로 잘 짜여 있다는 인상을 줄 수 있다. 마지막으로, 남의 글을 그대로 복사하지 않고 나름대로의 기준(중요성)에 따라 다루었다는 점에서 독창성을 인정받고 표절 시비에서 자유로워질 수 있다.

인용 대상은 다양하다. 사실관계, 사람들의 인식, 은유나 직유 등의 수사적 표현, 용어의 정의, 가설, 명제, 어떤 사건에 대한 제안이나 의견, 가치판단, 의문점이나 추론 과정 등이다. 이 대상들은 저마다 고유의 방식으로 서로 다른 사항을 고려하면서 다루어야 한다. 인용 대상의 유형에 따라 어떤 점을 고려해야 하는지 표 9를 살펴보자.

표 9 다른 사람의 글 인용하기

인용 대상	인용하는 방법	고려할 사항
사실관계	• 연구자 X는 ~를 발견·확인했다. ~임을 밝혀·알아냈다. ~라고 지적했다.	• 일반적으로 받아들여지는 정확한 사실관계인가? • 중요한 요소가 빠져 있지 않은가? • 이 사실관계를 에세이의 어느 부분에 활용할 것인가?

일반적 인식	• 연구자 X는 ~라고 설명·규명·구별·범주화했다. ~를 ~와 구별했다. • 연구자 X의 관점에서 ~는 ~이다.	• 연구자가 편중된 관점에서 현상을 바라보지 않는가? • 연구자의 관점과 다른 관점에는 어떤 것들이 있는가?
수사적 표현	• 연구자 X는 ~를 ~라고 간주했다. ~가 마치 ~와 같다고 보았다·~는 ~라고 보았다.	• 직유와 은유가 적절히 사용되었는가? • 직유와 은유가 효과적인가? • 에세이에 인용할 만한 직유·은유 표현인가?
용어 정의	• 연구자 X는 ~는 ~라고 정의했다.	• 같은 용어를 연구자에 따라 다르게 정의하고 있지 않은가? 만약 그렇다면 다른 연구자는 어떻게 정의하였는가?
가설	• 연구자 X는 ~라고 가정·간주·가설화·추측하였다.	• 다른 연구자들의 가설도 그와 동일한가? • 조건과 상황에 맞는 올바른 가설인가? • 에세이에 인용할 만한 가설인가? • 다른 가설을 세운다면 결과가 어떻게 달라질까?
제안	• 연구자 X는 ~라고 제안·단언·주장·제시했다. ~한다면 ~할 것이라고 예측했다. ~를 지지·비판했다.	• 제안이 상황에 맞는지 어떻게 판단할 것인가?

의견	• 연구자 X에 따르면 ~와 같다. • 연구자 X는 ~라고 말·생각·제안·평한다. ~에 동의한다·동의하지 않는다. • 연구자 X의 의견에 따르면 ~이다. • 연구자 X의 시각에서 ~은 ~이다.	• 연구자는 어떤 증거로 의견을 뒷받침하는가? • 다른 연구자는 그 의견을 어떻게 받아들이는가? • 이 연구자의 의견에 동의할 것인가?
가치판단	• 연구자 X의 입장에서 ~는 ~해야 한다. • 연구자 X에게 있어 ~는 바람직하다·바람직하지 않다·유익한 것이다·무익한 것이다.	• 다른 사람들은 연구자의 가치판단에 동의하는가? • 연구자의 가치판단은 무슨 의미를 갖는가?
주장	• 연구자 X는 학술적 관점에서 ~라고 주장한다. ~해야 한다는 견해를 내놓는다. • 연구자 X에게 ~는 ~임이 분명하다·당연하다.	• 연구자는 어떤 증거로 주장을 뒷받침하는가? • 연구자의 주장과 증거를 어떻게 반박할 수 있을까?
의문점	• 연구자 X는 ~라고 의문을 제기한다.	
추론	• 연구자 X는 ~와 같은 경험·분석으로부터 ~와 같이 추론했다. ~와 같은 과정을 제시했다. ~는 ~라고 결론 내렸다.	• 연구자의 추론 과정이 합당한가? • 연구자와 동일한 경험과 분석 결과로부터 다른 결론이 도출될 수도 있는가?

쓰면서 생각하기, 생각한 뒤 쓰기

대략적인 개요를 잡고 나서 필요한 내용을 찾으며 읽기까지 끝마쳤다면 이제 에세이를 쓰기 전의 단계는 대부분 완수했다. 이제 에세이의 각 부분을 '조립'할 차례다. 여태까지 메모한 내용과 참고 자료 복사본, 포스트잇이 잔뜩 붙어 있는(76쪽 〈목표 내용 찾으며 읽기〉를 제대로 했다면) 책과 논문 등 지금까지 모은 자료들을 모두 꺼내보자. 그 자료가 개요의 어느 장과 절에 해당하는지 배열하고 필요하면 개요를 수정한다.

앞에서 썼던 방법을 여기에서 한 번 더 써먹을 수 있다. 큰 종이 한 장을 벽에 붙여놓고 가운데에 개요를 배치하자. 그 주변에 포스트잇과 메모를 붙인 뒤 개요의 관련 부분과 선을 그어 연관성을 표시하는 것이다. 한 걸음 물러서서 전체적인 그림을 보자. 어떤 부분에서 관련 자료가 너무 많아서 다 다루기가 힘들 때는 그 중에서 더 중요한 것을 선택해야 한다. 그렇다! 기껏 열심히 만든 자료를 써먹지 못하는 게 얼마나 슬픈지 잘 알고 있다. 하지만 써먹지 못하는 자료는 에세이에 '부록' 형식으로 덧붙이거나 학점을 결정하는 또 하나의 요소인 시험에서 분명 쓸 수 있다. 그러니 지금은 눈물을 머금고 선별 작업을 계속하자.

그와 반대로 어떤 부분에서는 자료가 빈약할지도 모른다. 그렇다면 부족한 틈을 메울 자료를 추가로 수집해야 한다. 이전 〈책 훑어보기〉 단계에서 이미 자료의 전체적인 그림을 머릿속에 그려 놓았기 때문에 필요한 내용이 어떤 자료의 어느 부분에 있는지 감이 잡힐 것이다. 잘 모르겠으면 보충이 필요한 부분의 핵심 용어를 단서로 삼아 자료를 얼른 훑어보자. 이전 단계와 마찬가지로 목차와 색인이야말로 단서 찾기에 가장 좋은 장소다. 필요한 내용을 찾았으면 그 내용이 에세이에서 어느 정도의 비중일지, 어떻게 다룰지 생각해보자. 별로 기분 좋은 선택은 아니지만 이렇게 하고도 자료가 너무 빈약하다면 개요 전체의 균형을 고려해서 그 부분을 빼야 할 때도 있다.

이제 드디어(!) 본격적으로 에세이를 쓸 때다. 글쓰기 방법은 여러 가지지만 에세이를 쓸 때는 지금처럼 각 부분에 들어갈 내용을 모두 확보한 뒤 '조립'하는 방식이 가장 보편적이다. 어느 부분을 먼저 쓰는지는 크게 상관없다. 오히려 서론부터 순서대로 쓰는 것보다는 몸통이 되는 본론 부분을 먼저 쓰는 것이 나중

 문단을 구성할 때는 먼저 메모를 단순히 모아놓은 뒤 서로 매끄럽게 연결되도록 문장으로 만들면서 다듬는 것이 좋다. 구체적인 표현에 대해서는 개인별로 스타일이 다양하므로 여기서 다루지는 않겠다. 다만 전체적인 틀이 잡히기도 전에 세세한 부분에 너무 집착해서 시간을 끌면 좋지 않다. 특히 에세이를 처음 쓰는 학생들은 결론을 어떻게 내릴지 확신도 서지 않은 상태에서 서론에서 사용할 그럴 듯한 문장과 표현을 고르느라 시간을 너무 많이 소모하는 실수를 범하기 쉽다.

마지막으로 에세이 분량이 너무 많은 경우에 대해 살펴보자. 필요한 내용만 깔끔하게 정리하려면 의외로 노력이 많이 필요하다. 특히 주제가 어렵고 다뤄야 할 내용이 많은 경우 글의 분량을 줄이는 것이 오히려 더 어렵다. 내용을 절반도 다루지 못한 상태에서 이미 정해진 분량을 넘기거나 제출 기한이 코앞인 경우, 심지어 에세이의 방향 자체를 잃어버리는 경우도 드물지 않다.

에세이의 방향을 잃는 까닭은, 글이 하나의 결론으로 모이는 것이 아니라 여러 방향으로 흩어지면서 중심이 흐트러졌기 때문이다. 그렇다고 느껴지면 일단 글쓰기를 멈추고 처음에 짠 개요와 지금까지 쓴 글을 대조하면서 어느 부분에서 중심이 흐트러졌는지 찾아내자. 일반적으로 갑자기 새로운 의문점을 제기하거나 이전에 언급하지 않은 방법을 사용하면서 글의 중심이 흐트러지는 경우가 많다. 계획에 없던 의문점과 방법은 빼거나 더 준비해서 제대로 포함시켜야 한다.

방향을 잃은 에세이를 고칠 때는, 결론의 중심이 흐트러져서 서론에서 제기한 의문점의 답이 누락되지 않았는지 꼭 검토해야 한다.

매끄러운 흐름 만들기

잘 쓴 글을 두고 흔히 "흐름이 매끄럽다"고 한다. 글의 흐름이 매끄럽다는 것은 단락과 단락의 연결이 언어적, 논리적으로 자연스럽다는 뜻이다. 흐름이 매끄러운 글을 쓰기란 쉽지 않다. 우리의 사고 과정은 병렬식으로 여러 갈래로 갈라지기도 하고 여러 개의 개념이 거미줄처럼 서로 복잡하게 연결되기도 한다. 종이에 쓰는 글은 시작에서 끝까지 직렬식으로 한 줄기를 따라 진행되기 때문에 각 단락이 일렬로 연결된다는 한계가 있다.

대개 큰 개념을 제시한 뒤 세부 항목들을 다룰 때 문제가 발생한다. 우선 각 항목들을 다루고 나서 원래 흐름으로 돌아올 때 방향을 잃기 쉽다. 서로 병렬 관계인 각 항목들을 직렬 관계인 에세이에서 적절하게 나타내기도 쉽지 않다.

이런 문제를 피하려면 목차를 세밀하게 만들어서 각 내용이 속하는 범위를 명확히 구분하는 것이 좋다. 한 항목에 속하는 내용은 다음 내용과 확실하게 분리되어야 한다.

이렇게 하면 읽는 사람뿐 아니라 글을 쓰는 여러분에게도 도움이 된다. 병렬 관계인 항목들을 다룬 뒤 원래 흐름으로 돌아올 때는 각 항목들의 병렬 관계를 간략히 정리해보자. 문단에서 다룬 내용을 한두 문장으로 요약하여 마무리한 뒤 다음 문단으로 넘어가면 글의 방향이 흐트러지지 않고 읽는 사람도 이해하기 쉽다.

정해진 분량 맞추기

깊이 있는 글이냐, 폭넓은 글이냐. 그것이 문제로다?

대개 교수님들은 "A4 용지 3페이지 분량"과 같이 에세이 분량에 제한을 둔다. 그와 함께 학생들은 한 주제를 깊이 파고들지, 여러 주제를 폭넓게 다룰지 딜레마에 빠진다. 물론 폭넓고 깊이 있는 글을 쓰면 좋겠지만 시간과 분량에는 한계가 있다. 결국 어떻게든 에세이의 깊이와 넓이 사이에서 타협해야 한다.

여러 주제를 폭넓게 다룰 때는 자칫 일반론으로 시작하여 일반적인 결론만이 나오기 쉽다. 아마 교수님들은 "글의 깊이가 부족함" 또는 "결론이 너무 피상적임"과 같은 코멘트를 달 것이다. 글이 깊이 있다는 인상을 심어주려면 세세한 내용을 너무 많이 늘어놓지 않도록 주의하면서 에세이 주제 고유의 속성을 이해하고 있음을 보여야 한다.

어떤 현상이 일어나는 특정 조건을 분석하거나 이전 연구자들의 오류와 맹점을 짚어냄으로써 주제를 깊이 있게 다루는 데 사용되는 분석 방법을 자유자재로 다룰 수 있음을 어필하는 것이다.
　이때 주의할 것이 있다.

　한 주제를 깊이 있게 다룰 때는 관련된 여러 주제를 폭넓게 검토한 뒤 그 주제를 선택했음을 밝혀야 한다. 자칫 그 주제 하나밖에 몰라서 그렇게 선택한 것처럼 보일 수도 있기 때문이다. 이때 좋은 방법은 에세이에서 견해가 정반대인 두 연구자와 중간쯤에 해당하는 한 연구자, 총 세 명을 다루는 것이다. 물론 이때도 서론에서 그 선정 기준과 이유를 꼭 언급하자.

　지금까지 살펴본 해결책에도 불구하고 '깊이냐 넓이냐'의 딜레마는 대학에서 공부하는 사람의 피할 수 없는 숙명이다. 특히 자료가 많은 경우 한두 자료를 집중적으로 분석할지 여러 자료를 총괄적으로 분석할지 항상 고민하게 된다. 오랜 연습과 '내공'으로 깊이 있는 글과 폭넓은 글을 자유자재로 쓸 수 있다면 대학의 글쓰기 과제나 시험에 대해서는 더 이상 걱정이 없다. 다만 사람에 따라 선호하는 방식이 다르게 마련이므로 그 과목의 교수님이 어떤 주제를 다룰 때 어떤 방식을 선호하는지 평소 수업 스타일이나 저작물로 파악한 뒤 그에 따라야 한다.

수업 교재(특히 교수님이 직접 쓴 교재)의 글쓰기 스타일을 그대로 따라하는 것은 자칫 위험하다. 교수님이 글을 쓰거나 강의할 때는 자연스럽게 권위가 실리게 마련이다. 예를 들어, 교수님이 흔히 사용하는 "여기서 필자는" "필자의 판단에 따르면" "~의 연구는 매우 합당한 분석이라 할 만하다"와 같은 표현들은 교수님 자신이 해당 연구 분야에서 권위 있는 일인자임을 은연중에 나타낸다. 학생이 이런 표현을 남발하면 교수님의 학문적 권위에 정면으로 도전하는 듯 비칠 수 있다.

어떤 교수님들은 글쓰기의 독자적인 기준이 뚜렷해서 거기에서 벗어나는 학생의 점수를 깎기도 한다. 따라서 여러분의 생각을 에세이로 제출하거나 발표하기 전에 다음 사항을 꼭 확인해야 한다.

- "필자" "나" "본 연구자" 등의 1인칭 주어와 "이 에세이에서는" "본 연구는" 등의 비인칭 주어 중 어느 쪽이 나을까?

- 문장의 주어는 행위의 주체와 대상 중 어느 쪽이 좋을까? 예를 들어 "일본이 조선을 침략한 뒤"와 "조선이 일본에 침략당한 뒤" 중 어느 쪽이 좋을까?

- 각 단락의 제목을 따로 쓰는 것과 제목 없이 흘러가는 것 중 어느 쪽이 나을까? 어떤 교수님들은 제목을 따로 쓰면 글의 흐름이 끊긴다고 생각한다. 대개 〈서론〉처럼 큰 제목은 따로 쓰는 편이지만 '연구 방

법' 처럼 부수적인 제목들은 생략할 경우도 많다.

- 참고 자료 목록에 없는 자료의 사례나 통계를 사용해도 될까?
- 영어 에세이의 경우 미국식·영국식 어법이나 철자법 중 어느 쪽을 따라야 할까?
- 수업의 기본적인 견해와 전혀 다른 견해를 지지하거나 에세이에 인용해도 괜찮을까?

이런 사항들은 학술적으로 중요하다기보다는 교수님을 의식한 것들이다. 아무래도 가르치는 교수님과 배우는 학생의 관계는 권위가 오가는 상하관계일 수밖에 없다. 특히 연로한 교수님일수록 그 관계는 더욱 수직적인 경우가 많다. 연구자들이 자주 쓰는 "이것은 ～임을 입증한다"는 표현을 보자. 여기서 '입증' 자체에는 아무런 의미가 없다. 이 표현을 길게 풀어보면 "이러이러한 증거로 나는 ～라고 생각한다"는 말이 된다. 그런데 왜 이렇게 쓰지 않고 딱딱한 말투를 사용할까? 사용하는 언어에 따라 글을 쓴 사람과 독자의 권위 관계가 달라지기 때문이다. 일반적으로 친절하고 자세하게 설명할수록 엄격한 권위와는 거리가 멀어진다.

그렇다고 반드시 부정적으로 받아들일 필요는 없다. 이 모든 것은 교수님들이 의식적으로 으스대고 여러분을 겁주기 위해서가 아니라, 새로 배우는 사람은 권위 있는 의견에 일단 귀를 기울이는 구도가 몸에 배어 있다는 사실을 오랜 경험으로 알기 때문이다.

물론 이 책에서는 독자의 편의를 위해 최대한 일상적인 말투로 쉽고 자세하게 설명하려고 노력했다. 따라서 이 책의 글쓰기 스타일을 여러분의 에세이에 그대로 적용시키기에는 무리가 있다. 일단 '쉬운' 설명은 자칫 막연한 설명이 되기 쉬운데다가 일상적인 어투는 학술적으로 엄밀하지 못하거나 심지어 빈약한 내용을 덮으려 한다는 인상마저 줄 수 있다.

따라서 대학 에세이에서는 다음과 같은 단어와 표현을 피해야 한다. 괄호 안은 대신 쓸 수 있는 표현들이다.

- **"~하는 게" "~엔"과 같이 축약된 표현**(~하는 것이, ~에는)
- **"~라는 것"과 같이 막연한 표현**(~라는 부분·요소·요인)
- **"많은" "큰"**(고려할 만한, 상당한, 무시할 수 없는)
- **"~처럼"**(~와 같은, ~등의)
- **"~되다"**(~와 같은 결과를 얻다·결과가 나오다)
- **"~랑" 와 같이 지나치게 일상적인 표현**(~와 함께, ~뿐 아니라)
- **"왜 ~했을까?"**(~의 원인은 무엇인가?)

기본적인 원칙은 '명확하지 않거나 일상적인 표현'을 피하고 '구체적이며 격식 있는 표현'을 사용하는 것이다.

마지막으로, 에세이나 논문 등 학술적인 글에서는 일반적으로 "~입니다" "~합니다"와 같은 경어체 대신 "~이다" "~하다" 처럼 비非경어체를 사용한다는 사실을 명심하자.

글이 깊이 있다는 인상을
심어주려면 세세한 내용을 너무 많이
늘어놓지 않도록 주의한다.

05

인용 출처 밝히기

인용 출처
밝히기

대학의 글쓰기에서는 다른 사람의 연구를 인용하여 자신의 주장을 강화하고 그 출처를 분명히 밝히는 과정이 자신의 생각을 펼치는 것 못지않게 중요하다.

출처를 밝히는 데는 크게 미주와 각주 등의 '주석'과 '참고문헌'의 두 가지 방법이 있다.

출처를 밝히는 작업은 에세이의 표절 시비에서 벗어나기 위해서만 필요한 것이 아니다. 본격적인 논문이나 다른 학술문헌을 작성할 때를 대비한 연습이기도 하다. 또 출처를 밝힘으로써 자료의 신빙성을 검증하였음을 확인시킬 수 있다.

어떤 연구를 수행하거나 에세이를 쓸 때는 필연적으로 앞서 연구하였던 사람들의 자료를 활용하게 된다. 그때는 출처를 명기함으로써 그 자료들을 올바르게 활용하여 합당한 추론 과정을 거쳤음을 입증할 수 있다. 따라서 단지 개인의 양심뿐 아니라 학문적 엄밀성의 차원에서도 올바른 양식으로 정확히 출처를 밝혀야 한다.

다른 사람의 자료를 인용하고 그 출처를 밝히기 위해서는 다음의 세 가지 요소를 에세이에 포함시켜야 한다.

- **인용 자료의 부분 발췌**(변형을 가하지 않고 원문이나 원문의 일부를 에세이 내용에 맞게 재구성한 문장) **또는 자료를 인용했음을 나타내는 서술**
- **인용된 자료임을 나타내기 위해 본문에 추가하는 표식**(미주나 각주, "더 자세한 내용에 대해서는 ~을 참조할 것" 등의 표현)
- **참고문헌 목록**(일반적으로 글이나 책의 마지막 부분에 첨부)

인용 자료를 에세이에 집어넣기

다른 사람의 연구에서 인용해온 부분을 에세이에 집어넣는 방법에는 네 가지가 있다.

인용 부분이 짧을 경우

두세 줄 또는 30~40단어 정도의 짧은 글을 그대로 인용할 때는 먼저 인용부호(일반적으로 큰따옴표가 쓰인다) 안에 인용 부분을 집어넣은 뒤 참고문헌 표기 방식에 따라 인용한 글임을 표시한다. 참고문

헌 표기 방식에 따라 큰따옴표(" ") 대신 작은따옴표(' ')를 쓰는
경우도 있으므로 미리 확인하자.

인용 부분이 길 경우

두세 줄 이상인 긴 글을 본문 그대로 인용할 때는 일반적으로 들여
쓰기를 사용한다. 참고문헌 표기 방식에 따라 앞쪽(페이지 왼쪽)만
들여쓰기도 하고 왼쪽·오른쪽 모두 공간을 만들기도 한다. 들여쓰
기를 할 때는 일반적으로 따옴표 등의 인용부호를 따로 사용하지
않는다.

인용할 부분의 일부를 생략할 경우

인용할 부분이 너무 길 때는 원문의 의미를 왜곡시키지 않는 선에
서 일부를 생략하기도 한다. 생략한 부분은 일반적으로 말줄임표
(……)로 표시한다. 생략 결과 문장이 어법에 맞지 않게 되는 경우
인용하는 사람 자신의 말을 꺾쇠([　])에 넣어 끼워 넣을 수도 있
다. 이때도 원문의 의미가 왜곡되지 않도록 해야 한다. 영어 문장의
경우 문장 중간의 단어가 생략 때문에 문장 처음에 오게 된다면 그
단어의 첫 글자 또한 꺾쇠 안에 집어넣어야 한다(인용부호 표기 방법
에 따라 이렇게 하지 않는 경우도 많다. 학과에서 사용하는 방식을 꼭 확인하
자).

원문을 변형시킬 경우

원문을 인용한 뒤 에세이의 스타일에 맞게 변형시킬 경우에는 반드시 "달리 말하면" "다시 말해" "다른 말로는" 등의 표현으로 원문 그대로가 아니라 변형시킨 문장임을 알려야 한다.

여러 가지 참고문헌 표기 방식

참고문헌 표기 방식을 익히기에 앞서 이런 방식에는 통일된 기준이 따로 없다는 사실을 알아두자. 어떤 방식을 따를지는 에세이 주제를 낼 때나 학기 초에 교수님이 지정해주는 것이 일반적이다. 만약 따로 지정한 표기 방식이 없다면 당연히 어떤 표기 방식을 사용해야 할지 질문해야 한다.

의대나 법대 등의 분야에서는 외국 대학과의 교류가 상대적으로 활발하기 때문에 국제 기준에 맞추어 미국이나 영국에서 지정한 표준 참고문헌 표기 방식을 사용한다(영어 등 외국어 관련학과도 마찬가지다). 때로는 출판사나 저자, 학회지의 발간 단체에 따라 독자적인 표기 방식을 사용하기도 한다. 따라서 교수님께 단순히 표기 방식에 대해서만 질문하기보다는 교수님이 지정한 표기 방식을 따르고 있는 책이나 논문을 추천해 달라고 하면 에세이를 쓸 때 유용하게 참고할 수 있다.

참고문헌 표기 방식은 크게 네 가지다. * 네 가지나 있으면 혼란스러울 것 같지만 각 방식은 인용문을 본문에 삽입하는 방식 등

에서 차이가 분명하므로 어떤 책이나 논문이 어느 방식을 따르는지
는 비교적 쉽게 구분할 수 있다.

'저자·출판 연도' 방식

"홍길동(1980)"이나 "(홍길동, 1980)"과 같이 본문에 저자명과 출
판 연도만 표기하는 방식이다. 이 경우 '홍길동 연구자의 1980년도
저작'에 관한 자세한 정보는 책이나 논문 마지막의 '참고문헌'에
명시되어 있을 것이다.

'저자·페이지 수' 방식

"홍길동(117)"이나 "(홍길동, 117)"처럼 출판 연도 대신 참고 대상
이 되는 부분이 저작의 몇 페이지에서 나왔는지 밝히는 방식이다.

'위첨자 번호 주석' 방식

본문 중에 "1"과 같이 글자의 오른쪽 위에 작은 숫자(위첨자)를 붙여
본문 아래 또는 책이나 논문 마지막의 주석으로 연결하는 방식이
다. 이때 하나의 번호는 하나의 주석과만 연결될 수 있다. 페이지 아
래 주석은 각주, 책이나 논문 마지막의 주석은 미주라고 한다.

• 참고문헌 표기 방식은 전공 분야별로 다르지만, 영문 에세이를 쓸 때는 대체로 APAAmerican
Psychology Association 와 MLAModern Language Association 등의 방식이 널리 쓰인다. 에세이를 쓰기 전
해당 학과의 참고문헌 표기 방식을 미리 확인하고 그에 따르기 바란다. 국문 에세이나 논문의 참
고문헌 표기 방식은 194쪽 〈부록〉에 따로 정리해두었다.

'밴쿠버-번호 주석' 방식

'위첨자 번호 주석' 방식과 거의 같지만 "(12)"처럼 위첨자 대신 둥근 괄호를 사용하는 것이 다르다. 앞서와 마찬가지로 이 번호는 그 번호에 해당하는 각주나 미주를 참고하라는 뜻이다. 이런 표기 방식 중에서는 밴쿠버방식이 가장 유명하지만 번호 주석방식이라는 용어 또한 이 방식의 본질을 잘 드러내주므로 여기서는 '밴쿠버-번호 주석' 방식이라는 이름으로 부르겠다. '위첨자 번호 주석' 방식에서는 하나의 주석이 본문에 한 번만 삽입될 수 있는 반면, '밴쿠버-번호 주석' 방식에서는 같은 자료가 여러 곳에 인용될 경우 하나의 주석을 본문에 여러 번 삽입할 수 있다. 따라서 '위첨자 번호 주석' 방식과 달리 '밴쿠버-번호 주석' 방식에서는 한 페이지에 똑같은 숫자(괄호 안에 든)가 여러 번 나타날 수 있다. 더 자세한 내용에 대해서는 뒤에서 알아보자.

어떤 참고문헌 표기 방식을
따를 것인가?

에세이를 쓸 때 참고문헌 표기 방식을 임의로 골라야 한다면 어떤 표기 방식이 적절할지 어떻게 알 수 있을까? 여기서는 앞서 언급한 네 가지 참고문헌 표기 방식에 대해 좀 더 알아보고, 어느 방식이 어떤 경우에 적합한지 살펴보자.

'저자·출판 연도' 방식

'저자·출판 연도' 방식은 하버드 방식이라는 이름으로 영연방 국가(영국과 오스트레일리아, 캐나다 일부 지역 등)에서 즐겨 사용된다. 미국에서는 APA와 ASA·ASR 방식, 그리고 CBE와 AIP 방식이 '저자·출판 연도' 형식을 사용한다. 대체로 물리학과 생명과학, 사회과학 분야에서 사용한다.

본문에서 참고문헌을 언급할 때는 "홍길동(1980)은 ~와 같이 언급하였다" 또는는 "홍길동(1980)에 따르면……"과 같이 저자와 출판 연도를 밝힌다. 1980년도에 출판된 홍길동 연구자의 논문이나 저서가 한 권 이상이라면 "홍길동(1980a)" "홍길동(1980b)"처럼 연도 뒤에 알파벳을 붙여 구별한다.

이렇게 저자와 연도만 표기하면 그 내용을 찾기 위해 책이나 논문 전체를 뒤져야 할 수도 있다. 따라서 한 페이지일 경우 "홍길동(1980a, p. 13)" 여러 페이지일 경우 "홍길동(1980a, 17-19)"와 같이 페이지 수를 표기하여 이런 수고를 덜어주기도 한다. 같은 '저자·출판 연도' 방식이라도 경우에 따라서는 페이지 수를 표시할 때 p.또는 pp.를 사용하거나 혹은 사용하지 않는다. 마찬가지로 "(홍길동, 1980)"처럼 저자와 연도 사이에 쉼표를 찍기도 하고 "(홍길동 1980)"처럼 찍지 않기도 한다.

본문에 언급된 참고문헌의 목록을 저자의 성에 따라 국문은 가나다순, 영문은 알파벳순으로 정렬한다. 이렇게 정렬된 목록을 에세이 마지막에 〈인용 자료〉〈참고문헌〉〈참고한 연구들〉 등의 제목을 붙여 첨부한다. 저자의 이름과 성, 연도 등을 언급하는 순서는 다양하지만 가장 일반적인 방식은 "홍길동(1980)"이다. 외국인의 이름도 참고문헌 목록에서는 한국 이름처럼 성을 이름 앞에 쓴다. 즉

"피스크, J. (1994)"의 경우 J는 이름given name, first name의 약자이고 피스크가 성family name, surname이다.

어떤 경우에 유용한가

'저자·출판 연도' 방식은 저자가 명시된 학술서적이나 논문을 인용할 경우에 유용하다. 또, 저자명이 각 연구를 대표하기 때문에 여러 연구자들이 다른 주장을 제기하거나 논쟁을 벌이는 과정을 언급할 때도 유용하다. 본문에서 참고문헌 표기가 모두 이루어지기 때문에 번거로운 각주나 미주가 없어서 에세이 제출 전에 수정하기 쉬운 장점이 있다.

그러나 신문에 실린 기사나 논설, 정부기관이나 기타 단체의 간행물, TV나 라디오 방송, 인터넷 웹페이지 등 언급해야 할 정보가 많은 경우에는 적합하지 않다. 본문에 삽입하기 힘든 긴 추가 설명이나 개인적인 코멘트 등도 이 방식으로는 다루기 힘들다.

'저자·페이지 수' 방식

MLAModern Language Association(미국언어학회) 방식이 대표적인 '저자·페이지 수' 방식이다. 우리나라에서도 많이 사용된다.

본문 삽입 방식

본문에서 참고문헌을 언급할 때는 "홍길동(117)은 ~와 같이 언급하였다" 또는 "홍길동(117)에 따르면……"과 같이 저자와 페이지 수를 밝힌다. 동일 저자의 문헌을 두 권 이상 언급할 때는 "홍길동(햄릿에 나타난~, 117)" "홍길동(셰익스피어 소네트의~, 351)"과 같이 제목 또는 축약된 제목을 첨가하여 구별한다.

문헌 정렬 방식

'저자·출판 연도' 방식과 마찬가지로 본문에 언급된 참고문헌의 목록을 저자의 성에 따라 국문은 가나다순, 영문은 알파벳순으로 정렬한 뒤 에세이 마지막에 첨부한다. 이때 제목은 〈참고한 연구들Works Cited〉로 붙여야 한다.

어떤 경우에 유용한가

'저자·페이지 수' 방식 또한 저자가 명시된 학술서적이나 논문을 인용할 때 유용하다. 신문기사를 인용할 경우에도 페이지 수가 나와 있기 때문에 참고문헌 목록에 따로 표기하는 신문 이름과 날짜와 조합하여 기사를 금방 찾을 수 있다. 이 방식은 저자가 명시되어 있지 않더라도 제목을 대신 언급할 수 있다는 특징을 가진다. 그러나 TV나 라디오 방송, 인터넷 웹페이지 등 언급해야 할 정보가 많은 경우 또는 본문에 삽입하기 힘든 긴 추가 설명이나 개인적인 코멘트 등을 다룰 때는 '저자·출판 연도' 방식과 마찬가지로 적합하지 않다.

'위첨자 번호 주석' 방식

'위첨자 번호 주석' 방식

'위첨자 번호 주석' 방식으로는 미국의 시카고 방식과 튜라비안 Turabian 방식이 대표적이다. 오스트레일리아의 옥스퍼드 방식이나 캠브리지 방식 또한 위첨자 번호 주석 방식에 속한다. 위첨자 주석 방식은 편집 형식에 따라 각주footnote, 미주endnote, 외각주running notes로 적용할 수 있다. 인문대나 예체능대, 사회대의 일부 계열과 정치학·법학 분야에서 주로 쓰인다.

본문 삽입 방식

참고문헌을 표기해야 할 곳에 본문 위쪽으로 올라붙은 작은 숫자, 즉 '위첨자'를 사용한다. 이 숫자는 각 장의 구분 없이 에세이 처음부터 끝까지 1, 2, 3……의 순서로 진행된다. 이전에 언급한 자료와 동일한 자료를 언급할 경우에도 다른 번호를 붙여야 한다(같은 위첨자 번호가 반복되어서는 안 된다). 어떤 경우에는 위첨자 대신 괄호 또는 꺾쇠 안에 번호를 넣기도 한다. 위첨자 번호는 문장의 종결을 나타내는 구두점 앞이 아니라 뒤에 매겨져야 한다.

문헌 정렬 방식

이 방식에서는 각 번호와 연결되는 주석에 직접 참고문헌을 표기한다. 주석은 각주의 경우 페이지 하단에, 미주의 경우 에세이의 끝에 위치한다. 본문 중간의 번호와 주석의 번호는 반드시 일치해야 한다. 에세이 끝에 첨부하는 미주의 참고문헌 목록에는 일반적으로

〈주석과 참고문헌〉이라는 제목을 붙인다. 어떤 교수님은 본문에 언급된 참고문헌의 목록인 〈주석과 참고문헌〉 외에도 글 구성에 도움이 된 자료까지 제시하라고 요구하기도 한다. 이 경우 약간 다르게, 본문에 언급한 참고 자료는 〈인용 자료references〉로, 본문에 직접 언급되지는 않았지만 글을 쓰면서 참고한 자료를 〈참고 자료bibliography〉로 구분해야 한다.

어떤 경우에 유용한가

'위첨자 번호 주석' 방식의 장점은 참고 자료의 정보뿐 아니라 본문 중에 삽입하기 힘든 긴 추가 설명이나 개인적인 코멘트 등을 본문의 흐름을 방해하지 않으며 언급할 수 있다는 것이다. 자료의 신빙성에 대한 의문점이나 자료에 대한 개인적인 평가, 약자나 약어의 원형, 다른 관점을 제시하는 자료의 정보 등을 본문 중에 삽입하면 독자가 자칫 흐름을 놓칠 수 있지만, 각주나 미주로 제시할 경우 이럴 위험이 줄어든다. 또 한 번 인용한 자료를 재인용할 경우에도 원래 자료까지 밝힐 수 있다. 즉 인용 자료를 먼저 제시한 뒤 재인용의 대상이 된 자료를 "~에서 재인용"과 같이 언급하면 된다.

그러나 이 방식은 에세이를 쓰고 나서 편집 과정에서 주석을 더하거나 빼려고 할 때 문제를 일으킨다. 각주의 경우에는 마이크로소프트 워드나 한글 워드프로세서가 자동으로 번호를 매겨주지만, 괄호 안에 번호를 넣어 주석을 표시한 경우 주석의 번호를 일일이 다시 매겨야 하기 때문이다. 이런 경우에는 별도의 문서 파일을 하나 더 열어 주석의 내용을 모두 복사해두자. 본문 중에 삽입되는 번호 대신 '##' 등의 눈에 잘 띄는 기호를 매긴 뒤 편집 과정에서 주석 번호를 빼거나 추가할 경우 이 별도의 파일에서도 내용을 빼거나 추가한다. 그런 다음 편집이 완전히 끝나고 나서 번호를 매기면 된다.

'밴쿠버-번호 주석' 방식

'밴쿠버 방식'이라는 이름은 1978년 캐나다 밴쿠버에서 의학 학술지에 투고되는 원고의 편집 방식을 통일하는 회의가 열린 데서 유래했다. 이 회의의 합의 사항이 1979년에 발표되면서 이른바 밴쿠버 방식으로 알려졌다. 정식 명칭은 ICJME International Committee of Medical Journal Editors (국제의학학술지편집위원회)의 Uniform Requirements for Manuscripts Submitted to Biomedical Journals이다. 앞서 언급한 영국규격협회 British Standards Institution의 표준안 BS 5605:1990번 〈출판물 인용 및 참고에 관한 권고사항〉에 제시된 참고문헌 표기 방식 또한 밴쿠버 방식과 유사하다.

본문 삽입 방식

참고문헌을 표기해야 할 곳에 괄호 또는 꺾쇠 안의 숫자를 사용한다. '위첨자 번호 주석' 방식과 마찬가지로 이 숫자는 각 장의 구분 없이 에세이 처음부터 끝까지 1, 2, 3의 순서로 진행된다. 그러나 앞서 언급한 자료를 다시 언급해야 할 때는 원래의 번호를 그대로 사용한다('위첨자 번호 주석' 방식과 가장 다른 점이다). 만약 주석 (3)의 자료를 일곱 번 언급해야 한다면 본문 중에 (3)이 일곱 번 나타나는 셈이다.

문헌 정렬 방식

'위첨자 번호 주석'과 마찬가지로 각 번호와 연결되는 주석에 직접 참고문헌을 표기한다. 에세이 끝에 첨부하는 미주의 참고문헌 목록에는 '주석과 참고문헌'이라는 제목을 붙인다.

어떤 경우에 유용한가

'밴쿠버 번호 주석' 방식은 '저자·페이지 수' 방식과 마찬가지로 저자가 명시된 학술서적이나 논문을 인용할 때 유용하다. 주석 번호는 저자명이나 자료명, 출판 연도나 페이지 수를 본문에 그대로 삽입하는 것보다 시각적으로 부피를 적게 차지하기 때문이다. 그러나 자료의 각기 다른 페이지를 에세이 곳곳에서 인용해야 할 경우 자료 명을 일일이 주석에서 언급하다보면 복잡해지기 쉽다. 따라서 이 방식은 참고 자료가 논문 한 편이나 책의 한 장 정도로 적은 분량일 때 적합하다.

'밴쿠버 번호 주석' 방식은 한 자료가 여러 곳에 인용되어도 같은 번호를 사용하기 때문에(Ibid. 나 op. cit., lot. cit. 등의 복잡한 라틴어 약어를 사용할 필요가 없기 때문에) '위첨자 번호 주석' 방식보다 훨씬 깔끔하다. 그러나 신문기사나 논설, 정부기관이나 기타 단체의 간행

물, TV나 라디오 방송, 인터넷 웹페이지 등 언급해야 할 정보가 많
은 경우에는 적합하지 않다.

참고문헌
목록 제시하기

하버드 방식 등 '저자·출판 연도' 방식에서는 저자(두 명 이상일 경우 첫 저자)의 성을 국문은 가나다순, 영문은 알파벳순으로 정렬한다. 구체적인 예를 살펴보자.

- **저자의 성 / 저자의 이름 / 출판 연도 / 제목**(국문은 겹낫표 『 』나 《 》를, 영문은 주로 이탤릭체로 쓰지만 밑줄 치기도 함) **/ 판수**(초판이 아닌 경우에만) **/ 출판사의 위치: 출판사명**

예) 홍길동(2014), 《대학 에세이 기술》(제2판), 서울: 소동
예) Fiske, J.(2003), *Reading Television,* 2nd ed., New York: Routledge

'밴쿠버-번호 주석' 방식의 경우 저자명 대신 본문 중에 삽입된 주석번호 순으로 정렬한다. 구체적인 예는 아래와 같다.

- 번호 / 저자의 성 / 저자의 이름(이 경우에는 서양식 이름 그대로 이름이 성 앞에 갈 수도 있다) / 제목(국문은 겹낫표 『 』나 《 》를, 영문은 주로 이탤릭체로 쓰지만 밑줄 치기도 함) / 판수(초판이 아닌 경우에만) / 출판사의 위치: 출판사명 / 출판 연도

예) (1) 홍길동, 《대학 에세이 기술》(제2판), 서울: 소동, 2014
(2) Fiske, J., *Reading Television*, 2nd ed., New York: Routledge, 2003

하버드 방식과 밴쿠버- 번호 주석 방식의 가장 큰 차이는 출판 연도가 저자명 바로 다음에 오는지, 맨 마지막에 오는지의 여부다.

'위첨자 번호 주석' 방식

'위첨자 번호 주석' 방식의 경우에도 저자명 대신 본문의 주석번호 순으로 정렬한다. 구체적인 표기 순서에는 약간씩 차이가 있다. 여기서는 세 가지 정도를 살펴보자. 첫번째와 두 번째 예는 영문 도서인 경우 저자명에서 성과 이름의 위치만 다른 것이다.

- 저자의 성 / 저자의 이름 / 제목 / 판수(초판이 아닌 경우에만) / 출판사의 위치: 출판사명 / 출판 연도 / 페이지 수(한 페이지일 경우 p. 두 페이

지 이상일 경우 pp.를 사용한다)

예) 홍길동, 《대학 에세이 기술》(제2판), 서울: 소동, 2014,
     PP. 63-64
예) Fiske, J., *Reading Television*, 2nd ed., New York:
     Routledge, 2003, pp. 63-64

- 저자의 이름 / 저자의 성 / 제목 / 판수(초판이 아닌 경우에만) / 출판사

  의 위치: 출판사명 / 출판 연도 / 페이지 수

예) J. Fiske, *Reading Television*, 2nd ed., New York:
     Routledge, 2003, pp. 63-64

- 저자의 이름 / 저자의 성 / 출판 연도(괄호 안에 넣는다) / 제목 / 판수

  (초판이 아닌 경우에만) / 페이지 수 / 출판사의 위치: 출판사명

예) 홍길동(2014), 《대학 에세이 기술》(제2판), 서울: 소동,
     PP. 63-64
예) J. Fiske(2003), *Reading Television*, 2nd ed., pp. 63-64,
     New York: Routledge,

때로는 같은 자료를 여러 번 언급해야 할 때도 있다. 이 경우 그때마다 다시 자료를 언급하는 대신 '위의 책' 혹은 *ibid.*나 '앞의 책' 혹은 *op.cit.loc.cit.*와 같은 라틴어 약어를 사용하면 된다.

*ibid.*는 라틴어로 '같은 곳에서'를 의미하는 *ibidem*의 약어며, *op.cit.*와 *loc.cit.*는 모두 '인용된 장소'라는 의미의 *opere citato, loco Citato*

의 약어다(여기서 라틴어 단어를 이탤릭체로 쓴 것은 외국어 인용구이기 때문이다. 각 단어 뒤에 약어임을 의미하는 구두점이 붙어 있음에 주의하자).

- **위의 책** 혹은 *ibid.* 주석에 언급된 참고문헌이 바로 전의 주석과 같을 경우, 예를 들어 주석 3)의 자료가 주석 2)의 자료와 같을 경우에 사용한다.

- **앞의 책** 혹은 *op. cit.* 바로 위의 주석보다 앞에서 언급된 자료, 예를 들어 주석 5)와 주석 2)의 자료가 같을 경우에 사용한다. 이때 반드시 저자명을 언급해야 혼동을 막을 수 있다.

- **앞의 책** 혹은 *loc. cit.* 바로 위의 주석보다 앞에서 언급된 자료, 예를 들어 주석 5)에서 주석 2)의 자료의 같은 페이지를 언급하는 경우에 '앞의 책, 같은 페이지'라는 의미로 사용한다. 마찬가지로 반드시 저자명을 언급해야 혼동을 막을 수 있다.

언뜻 봐서는 구체적인 감이 오지 않을 수도 있으므로, 아래의 예를 살펴보자.

18. P. Levin (1997), *Making Social Policy,* p. 30. Buckingham: Open University Press.

19. Levin, 위의 책, p. 65 [바로 전 주석과 같은 저자와 책이지만 다른 페이지]

20. Levin, 위의 책, 같은 페이지. [바로 전 주석과 같은 저자와 책, 페이지]

21. J.G. March and H.A. Simon (1958), *Organizations,* pp. 140-1, New York: Wiley

22. Levin, 앞의 책, p. 222 [주석 18에 언급된 책의 다른 페이지]

23. J.G. March and H.A. Simon, 앞의 책, 같은 페이지. [주석 21에 언급된 March와 Simon의 책의 같은 페이지]

라틴어 약어로 쓰는 방법은 다음과 같다.

18. P. Levin (1997), *Making Social Policy,* p. 30. Buckingham: Open University Press.

19. *Ibid.*, p. 65 [바로 전 주석과 같은 저자와 책이지만 다른 페이지]

20. *Ibid.* [바로 전 주석과 같은 저자와 책, 페이지]

21. J.G. March and H.A. Simon (1958), *Organizations,* pp. 140-1, New York: Wiley

22. Levin, *op. cit.*, p. 222 [주석 18에 언급된 책의 다른 페이지]

23. March and Simon, *loc. cit.* [주석 21에 언급된 March와 Simon의 책의 같은 페이지]

앞서 말했지만 참고문헌 표기 방식은 여러 가지다. 따라서 에세이를 쓰고자 하는 분야의 표기 방식을 잘 알아두고 자주 사용하는 방식에 익숙해지는 것이 좋다. 194쪽 〈부록〉에 우리 나라에서 주로 쓰이는 참고문헌 작성법을 별도로 정리해 두었으니 참고한다.

참고문헌의
세부 사항을 적어두자

자료를 읽고 인용할 부분을 찾을 때 해당 자료의 기본 서지(저자, 출판 연도 등 책에 관한 정보)를 그때그때 적어두면 나중에 참고문헌을 표기할 때 수고가 훨씬 줄어든다.

예를 들어 자료의 일부분을 복사할 때는 표지와 본문의 첫 페이지를 함께 복사해두면 나중에 어느 자료에서 나온 내용인지 다시 뒤질 필요가 없을 것이다. 특히 도서관에 반납해야 하는 자료라면 이 과정이 반드시 필요할 것이다.

인용할 때 명시해야 하는 정보의 종류는 자료의 형태에 따라 다른데, 여기서 살펴보고 넘어가자.

우선 자료가 저자 한 명(또는 두 명)이 쓴 책일 경우에는 아래의 정보를 밝혀두자.

(1) 저자명

(2) 제목과 부제

(3) 출판 연도

(4) 몇 번째 개정판인지

(5) 출판사

(6) 출판사가 위치한 곳의 지명

(7) 인용한 부분의 페이지 수

자료가 공저 또는 공편한 책일 경우에는

(1) 저자명

(2) 인용한 부분이 속한 장의 제목

(3) 책의 제목과 부제

(4) 편집자명

(5) 출판 연도

(6) 출판사

(7) 출판사가 위치한 곳의 지명

(8) 인용한 부분의 페이지 수

자료가 학회지에 실린 논문일 경우에는

(1) 저자명

(2) 논문명

(3) 논문이 실린 학회지명(《뉴욕 타임스》→*NYT*처럼 보통 약자로 통하
    는 경우 약자도 명시)

(4) 학회지 발행 연도

(5) 논문이 실린 학회지의 통권 수(“통권 244호” 등)

(6) 논문이 실린 학회지의 호수(“3월호” “가을호” 등)

(7) 인용한 부분의 페이지 수

자료가 인터넷에 실린 웹페이지일 경우에는

(1) 자료의 URL 주소

(2) 웹페이지를 방문한 일자

특히 URL주소를 적을 때는 긴 주소를 일일이 베껴 적다가 오타
가 나서 읽는 사람이 웹페이지를 찾을 수 없게 되기도 하므로 직접
웹브라우저에서 Ctrl+c와 Ctrl+v 키로 복사해 넣는 것이 좋다. 다만
이 경우 십중팔구는 문서에 복사한 뒤 원치 않는 밑줄이 그어지거
나 글씨 색깔이 파란색이나 보라색으로 변하는 등의 문제가 발생하
기 때문에 따로 편집을 거쳐야 한다.

한 번 인쇄되면 다음 판을 찍어내기 전까지는 수정이 불가능한
책이나 논문과 달리, 웹페이지는 발행된 뒤에도 끊임없이 변하고
편집된다(심지어 운영자나 서버 사정으로 사라지기까지 한다). 따라서 참
고한 웹페이지를 html 파일로 따로 저장하거나(마이크로소프트 인터
넷 익스플로러의 경우 ‘파일’ 메뉴에서 ‘다른 이름으로 저장’ 옵션을 선택하면

된다) 아예 인쇄해서 따로 보관해야 한다. 웹페이지 주소를 문서에 복사해 넣으면 밑줄이 생기는 경우가 많다. 이 경우 본문 중의 밑줄과 혼동되지 않도록 밑줄을 없애야 한다.

또 어떤 교수님은 본문 중에 명시된 내용의 출처뿐 아니라 글 구성에 도움이 된 자료까지 전부 제시하라고 요구하기도 한다. 일반적으로 이런 경우 전자는 〈인용 자료〉로, 후자는 〈참고문헌〉으로 구분하면 된다. 다만 어떤 표기 방식은 인용 자료와 참고문헌의 구분 없이 모두 〈참고문헌〉으로 정리하기도 하므로 언제나 교수님이 제시하는 참고문헌 표기 방식을 확인해 두자.

어떤 참고문헌 표기 방식을 따르든,
일단 선택한 표기 방식을 정확하게 준수하고
글 처음부터 끝까지 일관적으로 적용해야 한다.

원문의 출처를 명확히 밝히지 않으면
다른 사람의 문장을 자신의 것인 양 속이려 한다는
인상을 심어주면서 자칫 진짜 표절이 될 수 있다.

06

표절과 부정행위

표절 시비,
누구도 안심할 수 없다

오늘날, 표절은 교수님들이 점점 민감하게 받아들이는 영역이다. 표절이란 "다른 사람이 쓴 글의 일부 또는 전부를 출처를 표기하지 않고 자기가 쓴 것처럼 사용하는 행위"라고 정의할 수 있다. 이때 표절은 분명한 의도로 다른 사람의 글을 따온 뒤 그 일부만 사용하거나 단어의 순서와 구체적인 표현을 살짝 바꾸는 등의 방법으로 숨기려고 한다는 점에서 변명할 여지가 없는 '부정행위'다.

당연하게도 에세이가 학점에 관여하는 정도가 클수록 표절 문제는 심각해진다. 적발되지 않을 경우 양심적으로 에세이를 쓴 학생들이 상대적으로 피해를 입을 뿐더러 해당 기관의 학술적 신뢰도에 심각한 악영향을 미치기도 하기 때문이다.

표절은 어제오늘의 문제가 아니기 때문에 대학들은 대부분 분명한 규정과 방침을 세우고 근절 캠페인을 벌이는 등 오랫동안 표절을 뿌리 뽑기 위해 노력해왔다. 대학의 각종 유인물이나 강의실에 붙은 스티커에서 표절을 "도둑질" "다른 사람의 지식을 훔치는 일" "부끄러운 일" "범죄" 등으로 묘사하는 광경을 볼 수 있을 것이다. 우리나라 대학들은 아직 표절과 관련하여 그렇게까지 엄격하지는 않지만, 외국 대학들은 아예 신입생들에게 표절 금지 선서나 서약을 시키는 경우도 있다. 대학에 입학할 때 표절 관련 규정과 동의 여부가 인쇄된 서약서를 나눠주고 서명하도록 하는 것이다. 그러나 모든 학생을 잠재적인 표절 혐의자로 간주할 수도 있다는 점에서 이런 식의 노력은 그다지 바람직해 보이지는 않는다.

또 다른 문제는 이른바 표절 관련 규정이 명확하지 않을 때가 많다는 것이다. 물론 다른 사람의 글을 자기 이름으로 제출하는 식의 분명하고 극단적인 경우에는 규정이 명확할 것이다. 그러나 만약 인용문의 출처를 밝히는 것을 단순히 잊어버린 경우라면 어떨까? 머릿속에 떠오르는 문장을 그대로 에세이나 논문에 썼는데 알고 보니 다른 사람의 글에 있는 문장이었다면 그것은 과연 표절일까? 문장이 어느 정도 비슷해야 '베낀 문장'이라고 단언할 수 있을까? 어느 선까지가 상식이고 어느 선부터 개인의 생각일까?

우선 '표절'의 기준이 사람마다 다르다는 것을 알아야 한다. 어떤 교수님에게는 표절인 것이 다른 교수님에게는 표절이 아니기도 하다. 교수님들은 대부분 앞서 언급한 예처럼 출처 밝히기를 잊어버린 경우, 머릿속에 떠오른 문장이 실은 다른 사람의 것인 경우, 원문을 완전히 다르게 변형시킨 경우, 상식과 개인 생각 사이의 범위를 잘못 판단한 경우라면 표절이 아니라 단순한 실수라고 받아들인다.

종종 교수님이 "독자적이고" "다른 사람의 생각이 섞이지 않은" "다른 자료에는 나오지 않은" 글을 요구할 때가 있다. 여기에 또 다른 함정이 있다. 인간의 생각 중 다른 사람의 생각이 섞이지 않은 순수한 자신만의 생각이 도대체 얼마나 될까? 사실 여러분이 대학에서 쓸 글 중에서 가장 중요하다고 할 수 있는 졸업논문의 중요한 심사기준조차도 "기존 연구 자료와 연구자의 실험을 바탕으로 얼마나 논리정연하게 비판적 연구를 수행했는가"이지, "자신만의 생각이 얼마나 들어갔는가"는 아니다.

엄밀히 말해 완전히 독창적인 연구는 하나도 없다. 모든 연구는 기존 연구 내용에 기반을 두고 이루어지기 때문이다. 대학 공부는 다른 사람의 생각을 접하면서 자신의 생각을 만들어내는 과정이다. 출처를 밝히지 않은 무단 도용이 문제가 될 뿐 다른 사람의 생각을 자신의 연구에 반영시키는 것 자체를 부끄러워할 필요는 없다.

결론적으로 규정이 명확하지 않은 상태에서 글에 다른 사람의 생각이 들어간 것 자체를 무조건 문제 삼는 분위기는 양심에 거리낄 일 없이 에세이를 쓰는 학생들까지 표절 시비에 휘말리게 할 수 있다. 부정행위를 할 의도가 없음에도 규정을 몰라 불이익을 당하는 학생도 있다. 따라서 이번 장에서는 표절 시비를 피하고 표절 혐의를 받았을 때 대처 방법을 다루고자 한다.

표절이
도움이 될 때도 있다?

사전에는 표절이 "타인의 학설이나 문장 따위를 자기 것인 양 사용하는 것"이라고 정의되어 있다. 그런데 이런 의미의 표절은 대학에서 지식을 연구하고 퍼뜨리는 과정에서 항상 일어난다. 이 책의 첫 부분에 나온 말이지만 대학 학습의 초점은 우리가 사는 세상이 아니라 세상에 대한 사람들 저마다의 시선에 맞춰져 있기 때문이다. 대학생의 학습 수단은 오감으로 얻은 직접경험이 아니라, 다른 사람들의 책이나 논문에서 얻은 간접경험이다. 책이나 논문으로 공부하려면 먼저 읽고, 글의 형식과 스타일을 모방하고, 선행 연구자들의 학술어 문장을 일상어로 '번역'함으로써 자신의 것으로 소화해야 한다. 이 과정은 말하자면 '도움이 되는 표절'이다. 이런 표절은 부정행위가 아니라 대학 학습의 필수적 과정이다.

어느 분야에서 방대한 지식을 갖추려면 반드시 선행 연구자들의 관점을 이해하고 받아들여야 한다. 이 과정이 제대로 이루어졌다면 어느 순간부터 자신만의 관점이 생겨난다. 그러나 학문을 아무리 오래 추구한 사람이라도 어디까지가 선행 연구자들의 영향이고 어디부터가 자신의 생각인지 정확히 구별할 수는 없다. 부모와 자녀의 관계를 생각해보자. 자녀들은 무의식적으로 부모의 행동과 말투, 세계관을 따라하고 본받는다. 마찬가지로 학생들은 스승의 학문적 견해와 연구 태도, 특히 사고방식과 학술어에 무의식적으로 영향을 받는다. 특히 전공 수업에서 특정 교수님을 자주 만나고 그 교수님의 교재와 논문을 주로 접하는 대학 공부에서는 에세이를 쓰다가 어느새 그 교수님의 말투나 서술 방식, 주장을 비슷하게 따라하는 경우도 적지 않다. 놀라지 말자. 이것은 지극히 자연스러운 현상이다. 이렇게 '베끼는' 과정을 거친 학문적 기반 없이는 어느 누구도 독창적인 견해를 만들어낼 수 없다. 심지어 모차르트와 같은 천재 음악가도 다른 사람의 곡을 연습하고 모방하는 과정을 거쳐 훌륭한 음악을 만들어냈지 않았는가.

이 책의 앞부분 34쪽에서는 〈대학 학습의 3단계〉에서는 대학에서의 공부가 (1)자료 수집하기 (2)자기 언어로 바꾸기 (3)내용 소화하기의 세 단계로 이루어짐을 살펴보았다. 이제 표절이라는 말에 대한 거부감은 일단 묻어두고, 각 단계에서 어떻게 '도움이 되는 표절'이 일어나는지 살펴보자.

자료를 수집하는 가장 기초적인 방법은 당연히 수업이나 책의 내용을 그대로 받아적는 것이다. 이 단계의 필기는 여전히 교수님이나 저자의 언어로 되어 있다. 그러나 받아적은 내용을 읽는 과정에서 여러분은 내용을 단순히 머릿속에 복사하는 것이 아니라 '내재화' 하게 된다. 새로운 정보를 있는 그대로 받아들이지 않고 원래 가지고 있던 정보와 통합하여 기억하는 것이다. 자, 이제 살펴보자. 여러분은 다른 사람의 지식을 필기를 통해 그대로 가져왔다. 그 지식은 여러분의 것과 합쳐져 어디까지가 그 사람의 것이고 어디부터가 여러분의 것인지 구분하기 힘들다. 게다가 그 결과물은 여러분의 머릿속에 저장되어 있다. 어떻게 보면 표절이 일어났다고 볼 수 있지 않을까?

특히 처음 접하는 주제로 에세이를 쓸 때는 수업 필기와 참고문헌에 의존하는 수밖에 없다. 에세이의 많은 부분이 자신의 생각보다는 수업 내용이나 참고문헌 인용으로 채워진다. 그러나 다른 사람들이 말한 내용이라도 주제와 관련 있고 논리적 순서에 맞게 제시하기만 한다면 높은 평가를 받을 수 있다. 에세이를 쓴 학생이 수업 내용을 자신의 방식으로 내재화하고 참고문헌을 주제와의 연관성에 따라 분류하여 논리 정연한 에세이를 썼다면 점수는 높을 수밖에 없다.

경험에 따르면 교수님들은 학생들의 에세이를 평가할 때 대개 세 가지 정도의 기준을 적용한다. 첫째, 필요한 자료를 제대로 읽었는가? 둘째, 자료의 연관성을 적절하게 파악하고 있는가? 셋째, 짜임새 있게 글을 구성하였는가? 그러나 이 세 가지는 에세이를 평가하는 수많은 기준 가운데 극히 일부분이다. 교수님에 따라 잘 쓴 에세이의 기준, 특히 표절에 관한 기준은 전혀 다를 수 있다. 여러분의 교수님은 어떤 기준으로 에세이를 평가하는지 질문으로 알아내는 것은 여러분의 몫이다.

한 가지는 분명한다. 에세이와 시험의 최종 목적은 학생이 단지 다른 사람의 생각을 충실히 받아들이는 것 이상의 단계로 나아갔음을 알아보는 것이어야 한다(유감이지만 현실에서도 언제나 그렇다는 이야기는 아니다). 이 단계에 이르면 다른 사람의 생각을 논리에 맞게 제시하는 것 정도로 좋은 점수를 받기는 더 이상 힘들다. 또 한 가지 조언하자면 학생들에게 이 정도를 요구하는 교수님은 보통 '질문' 유형의 에세이 주제를 내놓는다. 다른 사람의 생각을 짜깁기하는 것만으로는 질문에 대한 자신만의 대답을 만들 수 없기 때문이다.

자기 언어로 바꾸기

'자기 언어로 바꾸기'는 수업 내용이나 읽은 내용의 뜻을 유지하면서 다른 단어로 표현하여 이해하기 쉽게 만드는 과정이다. 글쓰기 수업에서는 보통 '바꿔 쓰기paraphrasing'라고 부르기도 한다. 그런데 '자기 언어로 바꾸기' 또한 다른 사람의 글을 그대로 복사하는 것만큼 표절과의 경계선이 아슬아슬하다. 앞서 '자료 수집하기' 단계와 마찬가지로 '자기 언어로 바꾸기'도 다른 사람의 문장을 내재화해서 여러분의 것으로 만들고 머릿속에 있던 정보와 통합하는 과정이다. '자기 언어로 바꾸기' 역시 도움이 되는 표절에 속하는 셈이다.

'자료 수집하기' 단계를 벗어나 '자기 언어로 바꾸기' 단계에 접어든 사람은 에세이에 다른 사람의 생각을 그대로 옮기지 않고 자기 언어로 바꾸어 제시한다. 그러나 아직 내용이 완전히 자기 것이 되지는 않았으므로 그 수준은 문장 구조를 그대로 둔 채 원래의 단어를 사전적 의미가 비슷한 단어로 바꿔치기하는 데 그친다.

이때 원문의 출처를 명확히 밝히지 않으면 다른 사람의 문장을 자신의 것인 양 속이려 한다는 인상을 심어주면서 자칫 '진짜 표절'(부정행위)이 될 수 있다.

이 단계에서도 연관성에 따른 참고문헌 제시와 논리적 순서에 따른 배열이 중요하다. 이제 교수님은 여러분이 기초적인 연관성과 논리적 구조를 어느 정도 숙달하고 나서 드디어 내용을 자기 것으로 '소화'하기 시작했다는 느낌을 받을 것이다. 물론 이 정도로 좋은 점수를 받을 수 있을지는 여전히 의문이다. 만약 교수님의 에세이 채점 기준이 '추론 능력'이라면(에세이에서 추론 능력을 충분히 보이고 있는가?) 단순히 내용을 소화하기 시작했다는 것만으로는 좋은 점수를 받기에 여전히 부족하다. '자료 수집하기' 단계의 마지막에서 언급한 것과 마찬가지로 다른 사람의 생각을 자기 언어로 바꾸는 정도로는 '질문' 유형의 에세이 주제에 자신만의 대답을 제시하기 힘들다.

내용 소화하기

'자료 수집하기' '자기 언어로 바꾸기' 단계를 넘어서 '내용 소화하기' 단계에 이르러도 여전히 '도움이 되는 표절'은 일어난다. 어떤 과목에 통달하게 되면 무의식중에 그 과목의 학술어를 자연스럽게 사용하게 된다. 춤을 배워보았다면 이해가 빠를 것이다. 춤을 배울 때는 처음에 동작을 머릿속에 입력하고 그에 따라 손발을 움직인다. 그러나 어느 단계가 지나면 동작을 의식적으로 생각하지 않아도 손발이 자연스럽게 움직이게 된다. 이때 우리를 춤추게 하는 것은 머리가 아니라 손발에 익은 동작이다. 과목에 통달하여 내용을 완전히 소화한 학생에게 에세이에서 어느 생각이 누구에게서 나왔는지 일일이 밝히라는 것은 자기가 어떤 동작을 할지 일일이 말하면서 춤을 추라는 것과 마찬가지다.

학생들만 이런 문제를 겪는 것은 아니다. 2001년에 영국의 통합정보체계위원회JISC, Joint Information Systems Committee는 〈표절: 어떻게 다룰 것인가〉라는 제목의 43페이지짜리 보고서를 발간한 바 있다. 아이러니컬하게도 저자인 주드 캐럴Jude Carrol과 존 애플

턴Jon Appleton은, 표절에 관한 보고서에 사용된 정보조차도 그 출처를 일일이 명시할 수는 없음을 다음과 같이 밝히고 있다.

"이 보고서에 실린 정보의 일부는 동료 연구자들이나 현직 교직원들의 경험담, 학술회의나 학생회 임원들과의 면담, 일상 대화에서 수집되었다. 물론 원칙적으로는 연구 자료의 출처를 명시해야 한다. 그러나 항상 정보의 근원을 정확히 파악할 수 있는 것은 아니며 필요한 정보를 책이나 학술논문과 같이 형태가 분명한 자료에서만 수집할 수 있는 것도 아니다."

학생들에게 참고 자료의 출처를 일일이 표기하라고 가르치는 교수님들조차도 자신의 논문에 포함된 내용의 출처를 모두 밝히지는 못한다. 아니, 사실은 어떤 내용은 출처를 밝혀야 하고 어떤 내용은 그럴 필요가 없는지 교수님 자신도 구분할 수 없다(아마 "이런 것까지 일일이 출처를 밝혀야 하나? 이 정도는 상식이 아닌가?"라고 반문할 것이다). 이런 사실이야말로 다른 사람의 생각을 자신의 것으로 사용하는 표절이 사실 무의식중에 누구에게나 일어나며 대학 공부에서 빼놓을 수 없는 과정임을 입증한다. 결국 대학 공부가 우리 모두를 표절하게 만드는 셈이다.

잠깐! 그렇다고 해서 부정행위에 해당하는 '진짜 표절'까지 필수적이라고 할 수는 없다. 앞에서 살펴본 바와 같이 '도움이 되는 표절'이 대학에서 널리 일어나는 일이라면 '진짜 표절'은 어떻게 구별하고 피할 수 있을까? 다음 장에서 함께 알아보자.

표절 의혹에서
벗어나려면

표절 의혹을 피하는 가장 좋은 방법은 글쓰기 실력을 늘리는 것이다. 지금까지 이 책에서 다룬 내용은 모두 글쓰기 실력을 늘리는 데 초점이 맞춰져 있다. 긴 독서 목록에서 필요한 책을 골라 핵심 내용을 찾아내는 방법, 교수님이 원하는 것을 짚어내고 주제가 분명한 에세이를 쓰기 위해 개요를 짜는 방법, 다른 사람의 글을 인용하고 각 단락을 '조립'하는 방법 등으로 단순히 에세이를 '쓰는' 데 그치지 않고 '더 잘 쓰기'를 추구하면 표절 시비는 자연스레 사라진다.

이 장에서는 어떻게 표절 시비를 피할 수 있는지 좀 더 구체적으로 살펴보자.

글을 읽을 때는 항상 의문을 가지고 비판적으로 사고하는 습관을 들여야 한다. 예를 들어 "이 생각은 어디서 나왔을까?" "어떻게 이런 결론에 도달했을까?" "이 문장에 어떤 가설이나 가치판단이 담겨 있는가?" "이 이론이나 모형을 어떻게 입증할 수 있을까?"와 같은 끊임없이 질문하는 것이다. 여러분이 생각한 답과 교수님이나 다른 학생이 생각하는 답을 비교해보자. 이런 연습으로 저자의 사고구조를 비판적으로 파악하는 능력을 키울 수 있다.

비판적으로 읽는 습관은 해외 유학이나 대학원 진학을 생각하는 학생들에게 더욱 중요하다. 우리나라 대학의 학부 과정에서는 대부분 권위 있는 연구자를 인용하고 정리하는 것만으로도 충분한다. 그러나 특히 영미권 대학에서는 기존 연구를 비판적으로 분석하는 에세이와 연구보고서를 써야 한다. 이때 기존 연구 정리는 자신의 생각을 펼치기 위한 기초단계에 불과하다. 오히려 진짜 비중을 두어야 하는 부분은 다른 사람의 생각을 자신의 것으로 소화하고 그 연관성을 밝혀 나가는 과정이다.

부정행위–다른 학생과 협력할 때 주의할 것

일반적으로 부정행위는 커닝(답안 보여주기, 훔쳐보기)이나 과제 대필 또는 함께 쓰기, 발표 자료 대신 만들어주기 등을 일컫는 말이다. 그러나 여기서의 '부정행위'는 두 명 이상의 학생이 더 좋은 점수를 받기 위해 협력하는 행위를 말한다. 대개 학기 초에 나눠주는 강의계획서에서는 표절과 함께 부정행위에 대한 경고도 실려 있다. 물론 학생들이 서로 협력하는 것은 좋은 일이다. 특히 조별 발표나 협동 보고서 준비는 단지 학업 과제일 뿐 아니라 인간관계를 넓히고 다양한 학생들을 만나보는 소중한 기회다. 그런데 한편으로는 적극적인 조별 활동으로 팀워크를 향상시키라고 하면서 한편으로는 학생들이 협력하는 것을 막는다니, 모순되지 않는가?

그렇다면 이렇게 모순적인 요구를 어떻게 받아들여야 할까?

동료 학생들과 적극적으로 협력하는 것은 더없이 좋은 일이다. 무엇보다도 교수님 못지않게 동료 학생들로부터도 많은 것을 배울 수 있다. 학생들끼리 있는 자리에서는 수업시간이나 세미나처럼 '공식적인' 자리와는 달리 다른 사람의 시선을 의식하지 않고 자유롭게 의견을 말하고 질문할 수 있다.

기회가 있다면 다른 학생이 작성한 에세이를 꼭 읽어보기 바란다. 동료 학생들의 글은 교수님들의 글과 달리 읽기도 쉬울 뿐더러 여러분과 비슷한 학습 단계에서 쓰인 글이기 때문에 자신의 글을 돌아볼 수 있는 거울이 된다.

게다가 어려운 학술어 대신 이해하기 쉬운 일상어로 쓰였고 교수님들의 글에 나타나기 쉬운 학문적 권위의 위압감이 없기 때문에 부담 없이 읽을 수 있다.

이렇게 동료 학생들과의 협력이 좋은 일이라면, 하지 말아야 할 일은 무엇일까?

우선 서로의 에세이를 읽어보고 비평하는 선을 넘어서 에세이 자체를 함께 쓰거나 개요를 서로 보여주는 행위는 많은 경우 '부정행위'로 간주된다. 생각을 서로 나누고 토론하는 것은 좋지만 에세이에 들어가는 구체적인 문장까지 나눠서는 안 된다. 구체적인 문장은 반드시 자신의 것이어야 한다. 다른 사람의 에세이를 대신 써주는 행위는 말할 나위도 없이 부정행위다. 이 원칙만 지킨다면 부정행위로 불이익을 당하는 일은 없을 것이다.

메모를 버리지 말고 남겨두자

이 책에서 줄곧 강조해온 독서습관 중 하나가 '메모하며 읽기'다. 이 메모는 또한 다른 사람의 생각을 비판적 사고로 읽었다는 증거다. 표절 시비가 발생하면 에세이를 쓰는 과정에서 기록한 메모를 제시해야 할 때도 있다. 그러므로 에세이와 관련된 절차가 모두 끝나기 전까지는(보통은 그 학기가 끝나고 성적이 발표되기 전까지는) 메모를 잘 남겨두자.

자신의 저작권을 보호하자

유감스럽게도 아직도 학생의 아이디어, 심지어 에세이나 보고서 전체를 도용하여 자신의 연구 결과인 양 사용하는 교수님이 더러 있다. 자신의 독창적인 생각이 담겨 있고 참고문헌의 출처가 제대로 표기된 에세이와 보고서라면 당연히 그 저작권은 여러분에게 있다. 자신의 저작권을 보호받기 위해서는 글에 저작권 표기를 해야 한다. 일반적으로 페이지 하단이나 글의 마지막에 "© 홍길동 2008"과 같이 '저작권 기호 + 이름 + 연도'의 형식으로 표기한다. 이 표기 방법 또한 학교와 학과에 따라 다를 수 있으므로 미리 확인해두기 바란다.

부정행위의 유혹을 느끼더라도……

에세이를 정기적으로 제출하는 수업이라면 보채는 애완동물에게 때맞춰 먹이를 주는 것처럼 귀찮을 수도 있다. 어떤 학생들은 너무나 귀찮은 나머지 슈퍼마켓의 애완동물 코너에서 파는 먹이를 그대로 사다가 주어버릴까 하는 생각을 하기도 한다. 무슨 말인가 하면, 요즘 일반화된 이른바 리포트 전문 웹사이트에서 다른 사람의 에세이를 구매해 마치 자기 것처럼 제출한다는 이야기다. 무슨 일이 있어도 절대로! 이런 부정행위를 해선 안 된다. 온라인으로 편리하게 에세이나 리포트를 사고판다는 것은 그 내용까지도 쉽게 검색할 수 있음을 의미한다. 말을 살짝 바꾼다고 해도 오랜 기간 그 분야에서 공부해온 교수님들은 문장 구조가 '이상하게도 비슷한' 글들을 한눈에 알아볼 수 있다.

참고 자료가 부족하여 어쩔 수 없이 인터넷으로 구매한 에세이를 이용할 경우에도 절대로 그 에세이를 그대로 제출해서는 안 된다. 연구 방법이나 대상을 바꾸고 원래 에세이와는 다른 관점을 적용하는 등 나름대로의 요소를 추가해야 한다. 인터넷에서 구한 에세이가 어떤 주제에 대하여 어떤 기준을 가진 교수님을 의식하여 쓰였는지 추측하는 것도 연습이 된다. 그러나 같은 주제를 연구하는 교수님들도 저마다 관점과 기준이 서로 다르므로 인터넷으로 구한 에세이를 활용하는 데는 여전히 한계가 있다.

만약 정말로 부정행위를 하고 싶은 마음이 들더라도 부정행위를 제대로 숨기기가 더 힘들다는 것을 명심하기 바란다. 그럴 바에야 차라리 그 노력을 제대로 된 에세이를 쓰는 데 투자하는 쪽이 낫다. 제출 기한이 빠듯하더라도 절대로 리포트 전문 웹사이트의 에세이를 자기 이름으로 제출하지 말자. 이런 행위는 지금까지 설명한 '도움이 되는 표절'과 달리 전혀 도움이 되지 않을 뿐더러 누가 보더라도 변명의 여지가 없는 부정행위다. 요즘에는 단어뿐 아니라 문장구조까지 대조할 수 있는 프로그램이 나왔기 때문에 교수님들은 마음만 먹으면 얼마든지 표절을 적발해낼 수 있다.

일단 표절로 적발되면 그 결과는 돌이킬 수 없다. 학과 시험이라면 F학점이 뜨는 것은 물론이고 수강이 취소될 수도 있다. 학위 논문에서 표절이 적발되면 학위 신청 자체가 취소되거나 심하면 퇴학까지 당한다.

학교나 학과에서 부끄러워 얼굴을 못 들고 다니게 되는 것은 제쳐 놓고라도 말이다. 표절은 이렇게나 위험한 행위다.

컴퓨터가 아니라 손으로 써서 제출하는 에세이도 마찬가지다. 대체로 해당 분야의 학술어는 범위에 한계가 있기 때문에 다른 사람의 글을 베껴서 살짝 바꾼다고 하더라도 표절한 티가 나게 마련이다. 게다가 여러분의 글을 심사하는 사람은 표절을 학문적 수치로 여길 뿐 아니라 많게는 수십 년 동안 해당 분야에서 배우고 가르치면서 표절을 접해온 교수님들이다. 그런데도 굳이 표절을 하는 것은 교수님들의 학문적 권위에 정면으로 도전하는 행위며, 교수님과의 관계에 돌이킬 수 없는 상처를 남길 어리석은 짓이다.

이쯤 되면 "혹시나……" 하는 마음마저도 싹 사라지지 않는가? 그러니까 처음부터 부정행위는 아예 생각하지도 말자.

경험에 따르면 학기 마지막에 가장 좋은 성적을 받는 학생들은 (1)언제나 그 과목의 학술어를 열심히 익히고 (2)주제에 대해 한 권 이상의 참고 자료를 접하면서 (3)참고 자료의 출처를 항상 확인하고 (4)교수님으로부터 받은 피드백을 에세이에 충실히 반영하면서 (5)다른 학생들과 적극적으로 토론하는 학생들이었다. 아무리 표절로 원래 실력보다 나은 에세이를 쓴다 하더라도 이런 조건을 갖추지 못한다면 절대 좋은 성적을 받지 못한다. 다시 한 번 강조하지만 부정행위인 '나쁜 표절'은 생각해볼 가치도 없는 일임을 명심하자.

표절 시비,
이렇게 예방하자

표절 시비에 휘말리지 않으려면 앞서 다룬 참고문헌 표기 방식을 준수하는 것 말고도 몇 가지 현실적인 노력이 필요하다. 다음 두 가지를 지킨다면 표절 시비에 휘말릴 위험이 줄어들 것이다.

표절 관련 규정과 방침을 알아둘 것!

학과나 학교의 표절 관련 규정과 방침을 알아두면 표절을 피하는 데 도움이 된다. 어떤 행위가 표절로 간주되는지, 어떤 행위가 허용되는지 정확하게 알아두자. 원치 않는 표절 시비에 휘말린 경우에도 규정과 방침을 알고 있어야 표절하지 않았음을 더 효과적으로 입증할 수 있다.

이제 표절 관련 규정의 경향에 대해 이야기해보자. 표절 규정이 더 길고 자세할수록, 그리고 표절을 피하는 법보다는 색출해내는 법에 초점을 맞출수록 그 학교나 학과는 표절에 민감할 가능성이 높다. 때로는 학교나 학과의 과잉 대응 때문에 선의의 피해자가 나오기도 한다. 이런 현실에까지 손을 쓸 방법은 없지만 어쨌든 나 자신이 무고하게 피해를 당하는 사태는 피해야 하지 않을까?

규정 자체에 모순이 없는지도 눈여겨봐야 한다. 일반적으로 규정은 여러 명이 참가하는 교수 회의에서 만들어지기 때문에 규정끼리 어긋나는 경우가 많다. 이렇게 모순되거나 일관성 없는 규정은 선의의 피해자를 낳을 수 있다. "타인의 저작을 상당 부분 도용" "다른 연구자의 저작과 사실상 동일한 문장" 등의 예에서 밑줄 친 부분은 그 정도가 불분명하거나 여러 가지 의미로 해석될 수 있다. 이런 불분명함은 규정을 적용하는 쪽이나 표절 혐의를 받는 쪽 모두에게 문제가 될 수 있다.

마지막으로, 참고문헌을 인용할 때는 주어진 참고문헌 표기 방식을 충실하게 따라야 한다. 어떤 표기 방식을 따를지 교수님이 미리 언급하지 않은 경우에는 반드시 따로 질문해야 한다. 그렇지 않으면 나중에 불필요하게 점수가 깎이거나 인용한 부분을 일일이 수정해야 할 수도 있다.

표절 적발 방법과 사례를 염두에 둘 것!

규정과 방침이 어떤지와 실제로 어떻게 적용되는지는 전혀 다른 문제다. 학과에서 에세이 채점을 담당하는 조교들은 학생들보다 많은 자료를 접해 왔고 자신도 학생 시절부터 표절 적발 사례를 보아왔기 때문에 어떤 기준으로 표절을 판단할지 잘 알고 있다. 워낙 표절 시비가 많다보니 요즘에는 아예 표절 적발 사례를 따로 문서화하거나 핸드북으로 배포하는 학교도 있다. 이런 자료가 있다면 반드시 구해서 읽어보자.

교수님의 반응 또한 신경 써야 할 부분이다. 학생들이 원치 않는 표절을 범하지 않도록 기준을 안내하는 데 초점을 맞추는 교수님이 있는가 하면 규정을 엄격히 적용하여 표절을 색출해내는 데 중점을 두는 교수님도 있다. 학생의 에세이에서 표절이 의심될 때 교수님들이 고려하는 사항은 대체로 (1)에세이에서 실제로 표절이 이루어지고 있는지 (2)만약 그렇다면 어느 정도인지 (3)정상참작을 하거나 수정함으로써 제대로 된 인용으로 탈바꿈시킬 수 있는지 (4)어느 정도 수위에서 징계가 이루어질지의 네 가지다. 물론 판단 기준은 과목과 교수님에 따라 다르다. 학위 논문 표절 등 사안이 심각할 경우 학교나 학과 수준의 심의위원회가 열리는데 그 구성원도 매년 다르다. 당사자 학생이 표절 의혹에 어떤 태도로 대처하는지, 다른 학생들이 어떤 반응을 보이는지도 표절 여부를 가리는 데 영향을 미친다.

중요한 것은 표절의 판단 기준과 징계가 무엇이든 집행이 일관성 있게 이루어져야 한다는 점이다. 여러분 자신이나 동료 학생이 표절 시비에 휘말렸을 때 학교나 학과가 지나치게 대응한다면 어떨까? 이 경우 과거의 표절 사례에 어떤 기준이 적용되었으며 어떤 징계가 내려졌는지, 거기에 일관성이 있는지 살펴보아야 한다. 어떤 경우에는 단순히 에세이를 다시 제출하게 했지만, 그와 성격이 비슷한 다른 경우에는 F학점을 주었다면 일관성이 있다고 할 수 없을 것이다.

때로는 정말로 표절 의도가 있어서라기보다는 명확한 기준이 제시되지 않아 표절에 해당하는 행위를 저지르기도 한다. 이런 일 때문에 오해 받지 않으려면 관련 규정을 알아 두어야 한다. 관련 규정이 불분명하거나 사전에 표절 판단 기준에 대한 공지가 없었기 때문에 표절 시비에 휘말렸다면 이 점을 분명히 밝히고 이의를 제기해야 한다. 예를 들어 자기 생각인 줄 알았던 내용이 알고 보니 다른 사람의 저작에 있는 내용일 경우 표절로 간주할 것인지 아닌지는 모호하다. 이를 어떻게 판단할지(예를 들어 문장이나 단어 단위까지 똑같아야 표절로 판단할지) 분명한 기준을 요구해야 한다. 또 어떤 범위까지 특정 연구자의 견해로 여길지 또는 따로 표시할 필요 없는 일반 상식으로 취급할지에 대해서도 명확한 기준을 마련해둬야 불필요한 오해를 피할 수 있다.

피드백과 점수, 언제나 도움 될까?

학생들이 자주 하는 불평 중 하나가 에세이를 제출했는데도 제대로 된 피드백을 받지 못한다는 것이다. 비슷한 맥락으로, 피드백에 점수가 포함되어 있지 않아서 자기가 잘하고 있는지 아닌지 모르기도 한다. 막연해서 무슨 말인지 알 수 없는 피드백을 받거나 비판으로 일관되어 있어서 어떤 점을 고쳐야 할지 알 수 없다는 학생도 있다. 어떤 교수님들은 학과 조교들에게 이 임무를 떠넘기기도 한다. 예를 들어 독립된 주제로 에세이 여러 편을 쓰는 것이 아니라 긴 에세이 한 편을 한 학기 동안 써나가는 수업이라면 점수 매기기가 무척 모호하다.

글이 완성되지 않은 중간에는 도대체 어떤 기준으로 평가해야 할까? 완성된 글에나 적용되는 기준, 예를 들어 문단과 문단의 연결이 매끄러운지를 기준으로 삼는다면 당연히 중간 평가의 점수는 낮을 수밖에 없다. 에세이를 마감에 맞춰 제출했는가만을 기준으로 점수를 매긴다면 어떻게 될까? 아마 글의 수준을 고려하지 않은 평가가 되고 결과적으로 수업 전체의 에세이 수준이 하락할 것이다. 에세이 주제가 시험 범위에 해당하기라도 한다면 부실한 내용 이해로 시험 점수까지 하락하고 말 것이다.

따라서 교수님의 피드백을 무작정 바라기보다는 여러분 자신의 기준에 따라 스스로 에세이를 평가해보자.

- 내 에세이의 잘된 점은 무엇인가?

- 내 에세이의 약점은 무엇인가?

- 어떻게 하면 에세이를 더 잘 쓸 수 있었을까?

- 다음 에세이를 어떻게 더 잘 쓸 수 있을까?

이런 질문을 스스로에게 던지는 것은 점수에 영향을 미칠 뿐 아니라 에세이 쓰는 능력을 기르는 데도 큰 도움이 된다. 명심하자. 에세이를 쓰고 높은 점수를 받는 주체는 어디까지나 여러분 자신이다.

 # 국문 주석·참고문헌 작성법

1. 주석 작성법

국문 에세이나 논문의 주석 표기 방식은 이 책의 내용 중에서 '위첨자 번호 주석' 방식에 해당한다. 구체적인 표기 순서와 내용은 자료의 형태에 따라 다르다.

최근에는 전공 분야에 따라 APA나 MLA 등 외국의 주석 표기 방식을 따르는 경우가 많으므로, 반드시 해당 학과 및 과목 담당 교수님께 문의해야 한다. 주석 번호의 위치는 다음을 참고한다.

※ 주석 번호의 위치

- 문장의 끝, 구두점 뒤 예) ~이다.[1]
- 연결어미 다음 예) ~인데,[2]
- 명사 다음 예) ~의 연구 결과,[3]

책과 논문의 경우

(1) **필자 또는 편자 이름** 편자의 경우 '편' '공편' (2명 이상인 경우) 또는 'ed.' (1명), 'eds.' (2명 이상)라고 표시한다.

(2) **자료명** 도서명은 『 』(겹낫표)나 《 》 논문이나 기사명은 「 」(홑낫표)나 〈 〉 안에 넣는다. 영문 등 로마자로 표

기된 외국 도서일 경우 밑줄을 긋거나 이탤릭체로 표기한다.

(3) **번역자 또는 편자** 번역자는 '역' 'trans. by', 편자는 '편', 'ed. by'를 붙인다.

(4) **판수** 초판이 아닌 경우에만 '제2판' 또는 '2nd'와 같이 기재하며, 뒤에는 세미콜론(;)을 붙인다.

(5) **출판사 위치** 'New York' '서울' 등 도시 이름으로 기재하며, 뒤에는 콜론(:)을 붙인다.

(6) **출판사 이름**

(7) **출판 연도**

(8) **페이지 번호** 영문인 경우 소문자 p.로, 두 페이지 이상 인용할 때는 복수를 나타내는 페이지 번호 pp.로 나타낸다. 한글로 표기하는 경우 '페이지' '쪽' '면'으로 표기해도 좋다.

(9) 마지막에 **마침표**를 찍는다.

책과 논문 주석 작성의 예

1) W. 부스, G. 컬럼, J. 윌리엄스, 『학술논문 작성법』, 양기석 역, 서울: 나남출판, 2000, p. 336.
2) 김영희, 『한국어 통사 현상의 의의』, 서울: 도서출판 역락, 2005, p. 144.
3) J. Gibaldi, *MLA Handout for Writers of Research Papers,* 6th; New York: The Modern Language Association, 2003, pp. 25-28.

4) 진수정, 「문항 유형에 의한 문항의 차별적 기능 탐색」, 이화여자대학
   교 석사 학위 논문, 2004, pp. 59-60.

1) W. 부스, G. 컬럼, J. 윌리엄스, 《학술논문 작성법》, 양기석 역, 서울:
   나남출판, 2000, p. 336.
2) 김영희, 《한국어 통사 현상의 의의》, 서울: 도서출판 역락, 2005,
   p. 144.
3) J. Gibaldi, *MLA Handout for Writers of Research Papers,* 6th;
   New York: The Modern Language Association, 2003, pp. 25-
   28.
4) 진수정, 〈문항 유형에 의한 문항의 차별적 기능 탐색〉, 이화여자대
   학교 석사 학위 논문, 2004, pp. 59-60.

● 영문으로 표기된 도서가 한글로 표기된 도서와 섞여 있는 경우 책 제목을 이탤릭체로 쓰지 않고
한글처럼 『 』와 《 》를 붙여도 된다.

　위 1)의 경우 외국 저자 여러 명이 공저한 책이 한국에서 번역
되어 출판된 예이고, 2)는 국내 저자 한 명이 쓴 책이다. 3)은 외국
저자 한 명이 쓴 원서 자료이고, 4)는 국내 저자 한 명이 쓴 학위 논
문이다.

(1) 저자명(없을 경우 생략)

(2) 제목, 전체 제목

(3) 출판 연도 또는 마지막 수정일

(4) URL 주소

(5) 접속일

웹사이트 주석 작성의 예

> 4) 정동원, 〈위인전은 아이들이 읽을 만한 책인가〉, 《오마이뉴스》, 2007. 10. 26, http:··www.ohmynews.com·NWS_Web·view·at_pg.aspx?CNTN_CD=A0000748554 [2008. 10. 23]

더 많은 정보를 얻으려면 아래 책을 참조하기 바란다.

> 1) Charles Lipson, 《정직한 글쓰기– 표절을 예방하는 인용법 길잡이》, 김형주·이정아
> 2) 김남석 등 저, 《주–참고문헌, 어떻게 작성할 거인가》, 태일사, 2002

2. 참고문헌 목록 작성법

- 각주번호, 인용 페이지 수(단행본의 경우)를 쓰지 않는다.
- 논문 자료의 경우 참조 페이지 수를 기재하지 않고 해당 학술지의 논문 시작 페이지와 마지막 페이지를 표기한다.
- 외국어 자료의 경우 저자 이름에서 성이 앞으로 나온다. 저자가 여러 명일 때는 첫 번째 저자만 성을 앞으로 옮긴다.

- 국한문 자료를 먼저 수록한 뒤 외국어 자료를 수록한다.
- 국한문 자료는 저자명의 가나다순, 외국어 자료는 성last name의 알파벳순으로 정렬한다.
- 한 저자의 문헌이 여럿인 경우는 출판 연도순으로 수록한다.

　　아래는 앞서 주석 작성에서 예로 든 자료들과 동일한 자료들로 이루어진 참고문헌 목록이다. (1)논문을 제외하고는 페이지 수가 생략된 것을 볼 수 있으며 (2)외국인 저자의 경우 성이 이름 앞으로 옮겨졌고 (3)국문 자료는 저자 성의 가나다순, 외국어 자료는 이름 앞으로 옮겨진 성의 알파벳순으로 정렬하였음을 확인할 수 있다. (『 』는《 》로, 「 」는〈 〉로 대체 가능)

김영희, 『한국어 통사 현상의 의의』, 서울: 도서출판 역락, 2005.

정민, 「한반도 호랑이 지도론」, 『문헌과 해석』 통권 27호, 2004, 여름, 114-134.

정동원, 「'위인전'은 아이들이 읽을 만한 책인가」, 『오마이뉴스』, 2007. 10. 26〈http:··www.ohmynews.com·NWS_Web·view·at_pg.aspx?CNTN_CD=A0000748554〉(2008. 10. 23)

진수정, 「문항 유형에 의한 문항의 차별적 기능 탐색」, 이화여자대학교 석사 학위 논문, 2004.

Gibaldi, J., *MLA Handout for Writers of Research Papers,* 6th; New York: The Modern Language Association, 2003.

사진 출처 | picjumbo.com(21, 33, 133쪽) / 남규조 (166, 167, 173쪽) / 그외 iStockphoto.com